AB SOFORT POSITIV DENKEN

Wie Sie Ihre negativen Gedanken beherrschen und Grübeln stoppen. So verlagern Sie Ihren Fokus auf Glück, Selbstakzeptanz und radikale Selbstliebe

DERICK HOWELL

© **Copyright 2020 - Alle Rechte vorbehalten.**

Der in diesem Buch enthaltene Inhalt darf ohne direkte schriftliche Genehmigung des Autors oder Herausgebers nicht reproduziert, vervielfältigt oder übertragen werden.

Unter keinen Umständen wird dem Verlag oder Autor die Schuld oder rechtliche Verantwortung für Schäden, Wiedergutmachung oder finanziellen Verlust aufgrund der in diesem Buch enthaltenen Informationen direkt oder indirekt übertragen.

Rechtliche Hinweise:

Dieses Buch ist urheberrechtlich geschützt und nur für den persönlichen Gebrauch bestimmt. Ohne die Zustimmung des Autors oder Herausgebers darf der Leser keinen Inhalt dieses Buches ändern, verbreiten, verkaufen, verwenden, zitieren oder umschreiben.

Haftungsausschluss:

Bitte beachten Sie, dass die in diesem Dokument enthaltenen Informationen nur zu Bildungs- und Unterhaltungszwecken dienen. Es wurden alle Anstrengungen unternommen, um genaue, aktuelle, zuverlässige und vollständige Informationen zu liefern. Es werden keine Garantien jeglicher Art erklärt oder impliziert.

Die Leser erkennen an, dass der Autor keine rechtlichen, finanziellen, medizinischen oder professionellen Ratschläge erteilt. Durch das Lesen dieses Dokuments stimmt der Leser zu, dass der Autor unter keinen Umständen für direkte oder indirekte Verluste verantwortlich ist, die durch die Verwendung der in diesem Dokument enthaltenen Informationen entstehen, einschließlich, aber nicht beschränkt auf Fehler, Auslassungen oder Ungenauigkeiten.

BONUSHEFT

Mit dem Kauf dieses Buches haben Sie ein kostenloses Bonusheft erworben.

In diesem Bonusheft „14 Tage Achtsamkeit" erhalten Sie bewährte Achtsamkeitstechniken, die Sie in Ihrem Alltag problemlos anwenden können, um mehr im gegenwärtigen Moment zu leben. Sie können damit täglich mehr Ruhe und Frieden in Ihr Leben bringen.

Alle Informationen darüber, wie Sie sich schnell dieses Gratis-Bonusheft sichern können, finden Sie am <u>Ende dieses Buches</u>.

Beachten Sie, dass dieses Heft nur für eine begrenzte Zeit kostenlos zum Download zur Verfügung steht.

INHALTSVERZEICHNIS

Einführung 1

Kapitel 1: Ineffektive Möglichkeiten, um negatives Denken zu überwinden 7

Kapitel 2: Befreien Sie sich von negativem Denken 13

Kapitel 3: Beseitigen Sie die schlechte Angewohnheit des negativen Denkens für immer 25

Kapitel 4: Wie Sie Ihre Gedanken kontrollieren und aufhören, diese in Negativität zu verwandeln 37

Kapitel 5: Wie man damit aufhört, sich zu viele Gedanken zu machen 45

Kapitel 6: Sorgen überwinden 63

Kapitel 7: Denken Sie positiv, um Stress abzubauen 79

Kapitel 8: Positives Denken fördern 87

Kapitel 9: Der Weg zur Selbstakzeptanz 97

Kapitel 10: Radikale Selbstliebe üben 117

Abschließende Worte 129

Verweise 133

Bonusheft 135

EINFÜHRUNG

Eine negative Denkweise ist ein sehr häufig vorkommendes Problem, das die meisten Menschen irgendwann einmal in ihrem Leben betrifft. Obwohl positives Denken von vielen Gesundheits- und Wellness-Experten weitgehend befürwortet wird, so kann es dennoch eine sehr große Herausforderung darstellen, sich aus dem Trott einer negativen Denkweise zu befreien. Selbst wenn Sie ein Mensch sind, der seine Gedanken häufig analysiert, so kann es dennoch schwierig sein, den Unterschied zwischen einer negativen Denkweise und den alltäglichen Sorgen und Ängsten, mit denen jeder Mensch zu kämpfen hat, zu erkennen.

Während es normal ist, sich über Themen wie Scheidung oder finanzielle Probleme Gedanken zu machen, können diese Gedanken, wenn sie zu aufdringlich und quälend werden, nicht nur Ihr persönliches Leben, sondern auch Ihre Karriere und Ihre beruflichen Beziehungen zerstören.

Aus diesem Grund müssen Sie verstehen, was negatives Denken ist, wie sich diese Denkweise in Ihrem Leben manifestiert und wie Sie sie überwinden können. Auf diese Weise können Sie Ihre geistige Gesundheit schützen, widerstandsfähiger gegenüber Veränderungen werden und alle Herausforderungen bewältigen, die sich in Ihrem persönlichen und beruflichen Leben ergeben.

Was ist also negatives Denken und wie bestimmen Sie, welche Gedanken ein normales Maß an Besorgnis darstellen und welche zu negativ sind?

Der Begriff „negative Denkweise" bezieht sich im Allgemeinen auf einen Denkprozess, bei dem man immer nur die allerschlimmsten Aspekte von Dingen, Ereignissen, Menschen und Erfahrungen sieht. Eine Person mit einer negativen Denkweise erwartet in jeder Situation immer das schlimmste Ergebnis. Die meisten Menschen, die ständig negativ denken, neigen auch dazu, ihre Erwartungen zu senken. Sie tun dies, indem sie stets nur die schlimmsten Szenarien in Betrachtung ziehen, um sich vor Enttäuschungen zu schützen. Darüber hinaus ist es nicht ungewöhnlich, dass Personen mit einer negativen Denkweise unter einem geringen Selbstwertgefühl und einem geringen Selbstvertrauen leiden, da sie sich wahrscheinlich auf die Dinge konzentrieren, die sie in Bezug auf sich selbst für unangemessen halten.

Negatives Denken kann aufgrund mehrerer Faktoren entstehen. Eine der häufigsten Ursachen für diese Art des Denkens sind Depressionen. Die meisten Menschen erleben im Laufe des Tages eine ausgewogene Mischung aus positiven und negativen Gedanken. Eine Person, die an Depressionen leidet, hat eine verzerrte Sicht auf die Welt, die oft durch einen Filter noch zusätzlich verzerrt wird. Solche Menschen nehmen sich als Versager im Leben wahr und sind davon überzeugt, dass sie weder Liebe noch Erfolg verdient haben. Es passiert oft, dass depressive Menschen die Welt von Natur aus grausam und feindselig betrachten. Neben einer negativen Denkweise beeinflussen Depressionen auch die Art und Weise, was depressive Menschen über sich selbst denken. Menschen, die von dieser Krankheit betroffen sind, fühlen sich extrem traurig, verzweifelt, müde und träge. Dies kann eine negative Denkweise noch verstärken und zu noch ernsteren Gesundheitsproblemen und manchmal leider auch zu Selbstmord führen. In den meisten Fällen merken die Menschen jedoch nicht, dass ihre negative Denkweise auf Depressionen zurückzuführen ist. Sie sehen ihre negative Denkweise einfach als einen normalen Teil ihres Charakters an.

Ein weiterer psychischer Zustand, der eng mit einer negativen Denkweise verbunden ist, ist die Zwangsstörung (OCD). Menschen, die an Zwangsstörungen leiden, erleben typischerweise unerwünschte, wiederkehrende Gedanken und Empfindungen, die sie dazu zwingen, bestimmte Dinge mehrmals oder auf eine ganz bestimmte Art und Weise zu tun. Beispielsweise ist es möglich, dass ein OCD-Betroffener das Bedürfnis verspürt, sein Aussehen übermäßig zu überprüfen, sich auf Organisatorisches zu fixieren oder bestimmte Wörter oder Aufgaben mehrmals zu wiederholen. Darüber hinaus verbringen OCR-Patienten oftmals viel Zeit damit, ihre Kleidung zu „reinigen" oder ihre Hände übermäßig oft zu waschen, weil sie eine irrationale Angst vor Keimen haben. Dieser psychische Gesundheitszustand wird als Angststörung eingestuft, da die betroffenen Personen diese Maßnahmen durchführen, um ihre Angst zu verringern. Aufgrund dieser ständigen Sorge neigen Menschen mit Zwangsstörungen eher zu negativem Denken als Menschen, die nicht an Zwangsstörungen leiden. Es ist möglich, dass OCR-Patienten das Gefühl haben, in Gefahr zu sein, wenn sie diese impulsiven Gedanken und Bedürfnisse nicht befriedigen. Obwohl sich die meisten OCD-Patienten dessen bewusst sind, dass ihr obsessives Denken nicht normal ist, so fällt es ihnen dennoch schwer, ihr Verhalten zu kontrollieren. Glücklicherweise kann diese Zwangsstörung jedoch mit der richtigen Hilfe und Unterstützung behandelt werden.

Dies bedeutet allerdings nicht, dass normale, gesunde Personen gegen die Gefahren des negativen Denkens immun sind. Tatsächlich gibt es viele Gründe, warum sich selbst die optimistischsten Menschen irgendwann einmal in einer negativen Denkschleife befinden. Negative Gedanken entstehen bei den meisten Menschen aus Angst vor der Zukunft und aus Angst vor den vorherrschenden Umständen in ihrem Leben. Eine Person kann z. B. aufgrund ihres Alters oder aufgrund zeitlicher Einschränkungen befürchten, nicht all das zu erreichen, was sie sich in ihrem Leben erhofft hat. Dies kann zu Angstgefühlen führen, die, wenn sie nicht behandelt werden, die geistige und körperliche Gesundheit dieser Person beeinträchtigen können. Einige Menschen machen sich auch Sorgen über vergangene Ereignisse und darüber, wie sie ihr Leben gestaltet haben. Dies führt häufig zu Selbstkritik, was eine negative Denkweise verstärken kann.

Unabhängig davon, woher Ihre negative Denkweise stammt, so gibt es absolut keinen Grund dafür, warum Sie weiterhin diese Gedanken haben sollten, wenn diese Ihr Leben auf negative Weise beeinflussen. Es gibt zahlreiche Techniken, mit denen Sie Ihre negativen Gedanken in den Griff bekommen und effektiv damit umgehen können, wenn sie entstehen.

Ich bin seit mehr als einem Jahrzehnt Angst-Coach. In dieser Zeit habe ich vielen Menschen beigebracht, wie man diese Techniken richtig einsetzt, um ihrer negativen Denkweise entgegenzuwirken. Zudem habe ich zahlreiche Schulungsworkshops und Seminare durchgeführt, um Menschen dabei zu helfen, ihre negativen Denkmuster zu überwinden, die sie davon abhalten, ihr Leben in vollen Zügen zu genießen.

Es gibt viele Vorteile, wenn man lernt, wie man seine negative Denkweise kontrolliert. Zunächst einmal können Sie psychische Erkrankungen, wie Depressionen und Angstzustände, überwinden, indem Sie Ihren negativen Gedanken mit positivem Denken begegnen. Sie werden auch eine ausgewogenere Wahrnehmung der Welt und Ihrer selbst entwickeln. Darüber hinaus sind Sie besser dazu in der Lage, stressige Lebensereignisse und -situationen auf eine gesunde Art und Weise zu bewältigen.

Es ist auch kein Geheimnis, dass Angstzustände und ständige Sorgen zu Gesundheitsproblemen, wie z. B. Bluthochdruck und Herzerkrankungen, führen. Indem Sie lernen, wie Sie Ihren negativen Gedankenspiralen entgegenwirken können, sind Sie imstande, das Risiko für die Entwicklung dieser Gesundheitsprobleme erheblich zu reduzieren, die sogar zum Tode führen können, wenn sie nicht effektiv behandelt werden. Wenn Sie sich also aus dem Trott negativer Gedanken befreien, können Sie Ihre Lebensdauer verlängern!

Leider ist es nicht so einfach wie viele glauben, negative Denkmuster zu überwinden. Als jemand, der selbst unter einer anhaltenden negativen Denkweise und Angstzuständen gelitten hat, kann ich Ihnen versichern, dass es viele Herausforderungen und Hindernisse gibt, denen Sie begegnen werden. Dies sollte jedoch nicht dazu führen, dass Sie die Hoffnung verlieren! Solange Sie sich bewusst dazu entschließen, Ihre negative Denkweise zu beenden und an diesem Ziel festhalten, werden Sie schon sehr bald bemerkenswerte Ergebnisse erzielen. Die in diesem Buch beschriebenen Tricks und Techniken haben nicht nur mir selbst, sondern auch Tausenden anderen Menschen auf der ganzen Welt geholfen. Ich habe daher keinen Zweifel daran, dass diese auch für Sie auf Ihrem Weg zur Überwindung Ihrer negativen Denkweise funktionieren werden.

Wenn Sie es satthaben, dass negative Gedanken Ihr Privatleben, Ihre berufliche Karriere oder Ihre Beziehungen beeinträchtigen, dann ist es jetzt an der Zeit, dieses Problem an der Wurzel zu packen! Ich hoffe, dass Sie dieses Buch als lehrreich und unterhaltsam empfinden und dass die darin enthaltenen Techniken Ihnen dabei helfen werden, Ihre negative Denkweise sowie Ihre Ängste endgültig zu überwinden.

KAPITEL 1:

Ineffektive Möglichkeiten, um negatives Denken zu überwinden

Wenn Sie mit einer negativen Denkweise und Angstzuständen zu kämpfen haben, dann sind Sie sich wahrscheinlich dessen bewusst, wie schwierig es sein kann, Ihre Denkweise zu ändern. Es kann sich wie ein innerer Kampf anfühlen, in einer negativen Gedankenspirale zu stecken. Einerseits kann das psychische Unbehagen ein starker Motivator sein, um sich daraus zu befreien, doch andererseits wissen Sie möglicherweise nicht genau, wie Sie dies tun sollen. Dies kann dazu führen, dass Sie sich hoffnungslos und frustriert fühlen.

Viele Menschen, die ständig negativ denken, greifen aus Verzweiflung auf ineffektive Bewältigungsverhaltensweisen zurück (O'Brien, 2019a), was das Problem nur komplexer und noch schwieriger zu lösen macht.

In diesem Kapitel werden wir einige der ineffektiven Möglichkeiten diskutieren, die Ihnen nicht dabei helfen werden, Ihre negative Denkweise zu überwinden. Außerdem wird dargelegt, warum Sie sich von diesen Methoden fernhalten müssen, wenn Sie sich Ihrer negativen Denkweise entledigen möchten.

Negative Gedanken ignorieren

Eine anhaltende negative Denkweise kann sehr unangenehm und beunruhigend sein, und zwar unabhängig davon, wer Sie sind. Wenn Sie ständig aufdringliche und negative Gedanken haben, dann fühlen Sie sich machtlos und haben das Gefühl, keine Kontrolle über diese Situation zu haben. Aus diesem Grund versuchen die meisten Menschen, ihre negativen Gedanken zu ignorieren, in der Hoffnung, dass diese dann auf magische Weise verschwinden. Dies funktioniert jedoch nicht immer wie erwartet. Eine negative Denkweise ist normalerweise ein tiefsitzendes inneres Problem, das die Kontrolle über Ihre Psyche übernommen hat. Und das kann man nicht einfach ignorieren. Während Sie vorübergehend ein Gefühl der Erleichterung verspüren, wenn Sie nicht über Ihre negativen Gedanken nachdenken müssen, dann ist diese Erleichterung normalerweise von sehr kurzlebiger Natur und früher oder später werden die negativen Gedanken wieder an die Oberfläche gelangen.

Ablenkungen und Ablenkungsmanöver verwenden

Manche Menschen konzentrieren sich auf ihre Karrieren oder auf ihre Hobbys in der Hoffnung, dass ihre negativen Gedanken auf magische Weise verschwinden, wenn sie sich von ihrer negativen Denkweise ablenken. Solche Menschen sagen dann Sätze wie: „Ich werde mich einfach in meine Arbeit stürzen" oder „Ich werde mich einfach beschäftigen." Dies kann jedoch kontraproduktiv sein, da das Problem nur zurückgestellt wird, anstatt es direkt anzugehen und langfristige Lösungen zu finden.

Drogen- und Alkoholkonsum

Ständiges negatives Denken führt oft zu Stress und Angstzuständen, die sehr schwer zu bewältigen sind. Aus diesem Grund konsumieren viele Menschen Genuss- oder Suchtmittel, wie Tabak, Marihuana und Alkohol, um die negativen Gedanken in ihrem Kopf zum Schweigen zu bringen. Während Rauchen und Alkoholkonsum ein vorübergehendes Gefühl der Erleichterung hervorrufen können, sind diese Mittel auf lange Sicht trotzdem keine sehr wirksame Methode, um mit negativem Denken umzugehen. Tatsächlich können sie sogar zu noch ernsteren Gesundheitsproblemen, wie Abhängigkeit und Sucht, führen. Hierzu möchte ich erwähnen, dass diese Methoden zur Bewältigung einer negativen Denkweise nur eine vorübergehende Linderung bieten. Meistens fühlen Sie sich einige Stunden lang ruhig, doch dieses Gefühl verschwindet, sobald die Wirkung der Drogen oder des Alkohols nachlässt. Dann befinden Sie sich wieder in einer negativen Gedankenspirale. Drogen und Alkohol verschärfen im Wesentlichen nur das Problem einer negativen Denkweise und sollten daher als Bewältigungsmechanismus vermieden werden.

Sich einer negativen Denkweise rational nähern

Es ist nicht ungewöhnlich, dass sich manche Menschen ihrer negativen Denkweise rational nähern, um diese zum Schweigen zu bringen. Solche Menschen sind davon überzeugt, dass sie sich durch den Versuch, ihre Denkweise zu rationalisieren, aus ihrem negativen Denkmuster befreien können. Das Problem hierbei besteht darin, dass davon ausgegangen wird, dass eine negative Denkweise in einer Art Rationalität verwurzelt ist. Dies kann in einigen Fällen zutreffen, gilt jedoch nicht in allen Fällen. Beispielsweise können die negativen Gedanken, die mit Depressionen verbunden sind, das direkte Ergebnis chemischer Ungleichgewichte im Gehirn sein.

Das Problem einfach wegschlafen

Es ist in vielerlei Hinsicht von Vorteil, jede Nacht gut und ausreichend lange zu schlafen. Dies hilft bei der Verjüngung von Körper und Geist. Eine hohe Schlafqualität kann auch unser Denkvermögen und unser Gedächtnis fördern.

Trotz dieser zahlreichen Vorteile ist es nicht sehr effektiv, sich zu viel Schlaf zu gönnen, um einer negativen Denkweise entgegenzuwirken. Dies verlagert das Problem nur, anstatt es zu lösen. Das bedeutet nicht, dass Sie Schlaf nicht als vorübergehende Linderung nutzen sollten, wenn Sie sich körperlich oder geistig ausgebrannt fühlen. In der Tat kann sich Schlaf sehr erfrischend anfühlen und sich positiv auf Ihr körperliches und geistiges Wohlbefinden auswirken. Ich empfehle jedoch, Schlaf nicht als Hilfsmittel zu verwenden, um negative Denkmuster zu überwinden, da Sie dies möglicherweise daran hindert, sich mit der Wurzel Ihres Problems zu befassen. Denken Sie daran: Ihr Ziel besteht darin, langfristige Lösungen für Ihre Probleme zu finden. Und Schlaf wird Ihnen dabei nicht helfen.

Es hat sich gezeigt, dass die Nutzung dieser ineffektiven Methoden nur kurzfristig funktioniert. Wenn Sie versuchen, Ihre negative Denkweise dauerhaft abzulegen, dann ist es absolut entscheidend, dass Sie die richtigen Techniken erlernen, um das Problem anzugehen.

Zusammenfassung

Wenn Sie die ineffektiven Methoden zum Umgang mit negativen Denkmustern verstanden haben, werden Sie diese in Zukunft eher vermeiden. Um dieses Kapitel noch einmal zusammenzufassen, sind hier einige der wichtigsten Erkenntnisse:

- Eine negative Denkweise ist ein Problem, das niemals ignoriert werden sollte, da dies die Lösung nur verlagert und die Lösungsfindung erschwert.
- Es ist kontraproduktiv, auf Ablenkungen zurückzugreifen, um negative Gedanken zu vermeiden und hindert Sie nur daran, langfristige Lösungen zu finden.
- Der Missbrauch von Drogen und Alkohol bietet nur eine vorübergehende Linderung von unangenehmen negativen Gedanken, anstatt dauerhafte Lösungen anzubieten.
- Versuchen Sie nicht, sich gegen Ihre unangenehmen Gedanken zu wehren oder sie zu rationalisieren, da eine negative Denkweise ein implizit irrationaler Prozess ist.
- Durch Schlafen werden negative Denkmuster nicht effektiv beseitigt. Vielmehr wird das Problem verlagert, was bedeutet, dass Sie sich später, wenn Sie aufwachen, immer noch damit befassen müssen.

Im nächsten Kapitel werden wir Möglichkeiten behandeln, wie Sie Ihren Geist von negativen Denkmustern befreien können. Diese Techniken und Praktiken werden für Sie nützlich und anwendbar sein. Achten Sie genau darauf und untersuchen Sie, wie diese Ihre Situation verändern.

KAPITEL 2:

Befreien Sie sich von negativem Denken

Negatives Denken ist eine Gewohnheit, die sich im Laufe der Zeit entwickeln kann, ohne dass uns dies bewusst ist. Wenn Sie zulassen, dass negative Gedanken Ihren Geist übernehmen, dann wird es sehr schwierig, sie wieder loszuwerden. Dies bedeutet jedoch nicht, dass Sie negative Gedanken sofort aus Ihrem Kopf verdrängen sollten, sobald Sie sich ihrer bewusst werden. Je mehr Sie versuchen, diesen negativen Gedanken zu widerstehen, desto stärker werden sie (Bloom, 2015). Was sollen Sie also in einem solchen Fall tun?

Nun, es gibt verschiedene Praktiken und Techniken, die Sie anwenden können, um Ihren Geist von negativen Gedanken zu befreien, wenn sich diese manifestieren. Hier sind einige Möglichkeiten, wie Sie einer negativen Denkweise entgegenwirken können, sobald Sie sich ihrer bewusst werden.

Verändern Sie Ihre Körpersprache

Es ist bekannt, dass unsere Körperhaltung einen signifikanten Einfluss auf die Funktionen unseres Geistes hat. Wenn Sie beispielsweise eine schlechte Körperhaltung aufweisen, werden Sie wahrscheinlich mehr negative Gedanken haben, als wenn Sie sich wohlfühlen. Darüber hinaus kann eine schlechte Körpersprache Ihr Selbstbild sowie Ihr Selbstvertrauen beeinträchtigen. Dies macht Sie anfälliger für negatives Denken und kann dazu führen, dass Sie stärker zu Selbstkritik neigen. Aus diesem Grund ist es wichtig, ein Bewusstsein für Ihre Körpersprache zu entwickeln, damit Sie hartnäckige negative Gedanken schneller ablegen können.

Vertrauen Sie sich jemandem an

Es gibt Zeiten, in denen negative Gedanken aus aufgestauten Emotionen und Gefühlen entstehen. Sicherlich finden es die meisten Menschen unangenehm, ihre innersten Gefühle zu teilen, weil sie Angst davor haben, von anderen beurteilt zu werden. In anderen Fällen scheint es so, als würde man seine Mitmenschen mit seinen Problemen belasten, wenn man mit ihnen über seine Gefühle spricht. Es gibt jedoch viele Vorteile, wenn Sie Ihre unangenehmen Gefühle mit Menschen teilen, denen Sie vertrauen. Dies sind die Vorteile, die daraus entstehen:

- Sie erhalten eine bessere Sichtweise auf Ihre Probleme.
- Sie haben eine höhere Chance, eine Lösung zu finden.
- Sie werden froh sein, zu wissen, dass Sie nicht alleine sind.

Wenn Sie Ihre unangenehmen Gefühle nicht teilen, dann kann dies das Problem des negativen Denkens ernsthaft verschärfen und Sie fühlen sich noch hoffnungsloser. Bleiben Sie nicht alleine mit Ihrer Negativität! Wenn Sie dagegen mit jemandem sprechen, dem Sie vertrauen, fühlen Sie sich erleichtert und Ihre Sorgen lösen sich in Luft auf.

Verbringen Sie eine Minute damit, Ihren Geist zu beruhigen

Negative Gedanken können manchmal sehr überwältigend werden und Angstgefühle in Ihnen auslösen. Es kann eine große Herausforderung darstellen, seinen Geist zu entspannen, wenn Sie eine Million Gedanken haben. Aus diesem Grund ist es sehr wichtig, sich etwas Zeit zu nehmen, um Ihren Geist zu beruhigen. Auf diese Weise können Sie die Dinge klar und unvoreingenommen wahrnehmen.

Dies erfordert, dass Sie einen Schritt zurückgehen und Ihre Gedanken durch Ihren Geist fließen lassen, ohne ihnen zu widerstehen oder sie zu beurteilen. Sie können sich dies als eine Art

Meditation vorstellen. Sobald sich Ihre Gedanken und Ihr Geist beruhigt haben, können Sie Ihre Gedanken unter einem objektiven Gesichtspunkt beurteilen.

Wechseln Sie die Perspektive

Sehr oft werden wir von negativen Gedanken geplagt, weil wir die Situationen, denen wir im Leben begegnen, nicht adäquat beurteilen. Manchmal machen wir für unsere Probleme unsere eigenen Unzulänglichkeiten verantwortlich. Dies kann dazu führen, dass wir ein sehr schlechtes Selbstbild bekommen. In einigen Fällen ist jedoch lediglich ein Perspektivenwechsel erforderlich. Anstatt sich selbst als Versager zu betrachten, wenn Sie Herausforderungen gegenüberstehen, können Sie sich dazu entscheiden, dass Sie nicht anders sind als andere Menschen, die ebenfalls mit alltäglichen Problemen konfrontiert sind.

Indem Sie Ihre Sichtweise ändern, wenn Sie sich von negativen Gedanken angegriffen fühlen, entwickeln Sie auf diese Weise Selbstvertrauen und Klarheit. Wenn Sie in der Lage sind, Ihre Situation mit einem aufgeschlossenen Geist zu betrachten, können Sie die Grundursache Ihrer negativen Denkweise identifizieren und eine effektive Fehlerbehebung durchführen.

Übernehmen Sie die Verantwortung für Ihre negativen Gedanken

Wenn wir von negativen Gedanken geplagt werden, kann es oft verlockend sein, andere Menschen für die unangenehme Situation verantwortlich zu machen, der wir gegenüberstehen. Es ist möglich, dass wir eine Opfermentalität annehmen oder anderen Menschen die Schuld geben, um zu vermeiden, dass wir selbst für die Situation verantwortlich sind. Dies ist jedoch kein sehr effektiver Weg, um mit unangenehmen oder negativen Gedanken umzugehen. Eine solche Denkweise kann uns zwar vorübergehend entlasten, hindert uns jedoch daran, das eigentliche Problem zu identifizieren und dauerhafte Lösungen zu finden. Es ist wichtig, dass Sie stets bedenken, dass Sie nicht alles unter Kontrolle haben, was in Ihrem Leben passiert und dass Sie letztendlich nur für die Entscheidungen, die Sie treffen sowie für die Ergebnisse verantwortlich sind, die sich aus diesen Entscheidungen ergeben. Aus diesem Grund sollten Sie lernen, sich selbst für Ihre negativen Gedanken zur Rechenschaft zu ziehen. Ergreifen Sie die Initiative, um dauerhafte Lösungen für sich selbst zu finden, damit Ihre negativen Gedanken Ihr inneres Wohlbefinden nicht beeinträchtigen.

Werden Sie kreativ

Negative Gedanken können aufgrund der damit verbundenen Angstzustände psychisch sehr beunruhigend sein, sie können jedoch auch wie ein Katalysator für Kreativität wirken. Wann immer Sie sich von unangenehmen Gedanken überwältigt fühlen, können Sie diese Gelegenheit nutzen, um sich auf kreative Weise auszudrücken.

Wandeln Sie Ihre Angst und Frustrationen in Kreativität um, indem Sie darüber schreiben, zeichnen, malen oder sogar Musik machen. Auf diese Weise können Sie gesunde Ventile für Ihre negativen Gedanken finden und sich dieser entledigen. Darüber hinaus können Sie Ihre Emotionen durch kreative Aktivitäten auf einer tieferen Ebene erkunden und so ein besseres Verständnis dafür entwickeln, warum Sie so denken, wie Sie es tun.

Ein weiterer grundlegender Vorteil der Kreativität besteht darin, dass Sie sich gut fühlen. Wenn Sie Ihre negativen Gedanken in Kreativität umwandeln, dann kann dies Ihre Stimmungslage erheblich verbessern und Sie vor Angstzuständen oder Depressionen bewahren, welche häufig mit negativem Denken einhergehen.

Setzen Sie positive Affirmationen ein

Positive Affirmationen sind Aussagen, die Ihnen dabei helfen sollen, negative Gedanken zu überwinden und Sie herausfordern, an sich selbst zu glauben. Wenn Sie diese Aussagen regelmäßig wiederholen, prägen sie sich in Ihr Bewusstsein ein und Sie beginnen damit, ihre Wahrhaftigkeit zu erkennen. Das Wiederholen positiver Affirmationen kann Ihnen nicht nur dabei helfen, unangenehme negative Gedanken abzulegen, sondern Sie auch dazu motivieren, auf positive Art und Weise zu handeln, um die gewünschten Ergebnisse zu erzielen. Darüber hinaus können Ihnen positive Affirmationen dabei helfen, die Auswirkungen von Stress und Angst zu lindern, die durch eine negative Denkweise entstehen. Genau wie bei Sporteinheiten lösen positive Affirmationen die Freisetzung von Glückshormonen im Körper aus und erhöhen die Bildung neuer Neuronencluster des „positiven Denkens" im Gehirn.

Wenn Sie mit negativen Denkmustern zu kämpfen haben, dann finden Sie hier einige der besten positiven Aussagen, die Sie wiederholen können, um positiver zu denken:

- Ich habe heute die Kontrolle über mein Leben und entscheide mich dazu, heute positiv zu denken.
- Ich lehne es ab, negative Gedanken zuzulassen, die mir meinen Seelenfrieden rauben.
- Ich bin mir selbst genug und besitze alle Qualitäten, um mein Leben so zu gestalten, wie es mir gefällt.
- Ich bin leistungsstark genug, um alle Herausforderungen zu meistern, denen ich mich heute stellen muss.
- Ich erkenne meine Einzigartigkeit und die Talente an, die ich besitze.
- Ich bin stark genug, um diesem Tag mit offenem Herzen und klarem Verstand zu begegnen.

Machen Sie einen Spaziergang

Wenn Sie zu lange an einem Ort verweilen, dann kann es passieren, dass Sie sich mürrisch und ängstlich fühlen, was häufig zu negativen Gedanken führt. Wenn Sie das Gefühl haben, dass Sie negative Gedanken ablenken, dann ist ein Spaziergang an einem schönen Ort eine der besten Möglichkeiten, um den Geist zu klären. Es gibt viele großartige Orte, an denen Sie spazieren gehen können, wenn Sie sich von Ihren negativen Gedanken angegriffen fühlen. Parks und Wälder sind gute Ausgangspunkte. Natürlich ist es von Vorteil, wenn Sie Zugang zu Parks und anderen schönen Orten haben, aber auch jeder andere Ort ist in Ordnung, solange Sie nach draußen gehen und sich bewegen. Wenn Sie in einer Stadt leben, in der es keine solchen schönen Orte gibt, dann können Sie dennoch in der Nähe Ihrer Nachbarschaft spazieren gehen. Es ist ratsam, überfüllte Straßen mit vielen Geschäften zu vermeiden, da der Lärm und die Hektik unangenehm sein können, wenn Sie sich ohnehin schon schlecht fühlen.

Führen Sie ein Dankbarkeitstagebuch

Sehr oft sind wir so stark in unserem Leben und in unsere täglichen Herausforderungen eingespannt, dass wir vergessen, wie häufig das Leben freundlich zu uns war. Nur weil Sie sich derzeit in einer herausfordernden Situation befinden, so heißt das nicht, dass in Ihrem Leben nichts Gutes für Sie geschieht. Wenn Sie also in einem Kreislauf des negativen Denkens stecken, dann ist es eine gute Idee, einen Schritt zurückzutreten und eine Bestandsaufnahme darüber zu machen, wie gut es das Leben mit Ihnen gemeint hat.

Erstellen Sie ein Dankbarkeitstagebuch und listen Sie alle Dinge auf, für die Sie in Ihrem Leben dankbar sind, anstatt sich auf die negativen Gedanken zu konzentrieren, die Ihnen durch den Kopf gehen. Dazu gehören unter anderem ein guter Gesundheitszustand, eine Karriere, die Ihnen Spaß macht und bedeutungsvolle Freundschaften und Beziehungen in Ihrem Leben. Notieren Sie die guten Dinge, die geschehen sind sowie die Dinge, die Ihnen in letzter Zeit Freude bereitet haben. Denken Sie daran, dass kein Aspekt zu klein oder zu groß ist, wenn es um Dankbarkeit geht. Selbst für etwas sehr Triviales, wie für einen einfachen Arbeitstag, können Sie dankbar sein. Vielleicht haben Sie einen schönen Vogel gesehen oder jemand hat eine Tür für Sie aufgehalten. Nehmen Sie sich Zeit, um alles in Ihrem Leben aufzulisten, worüber Sie glücklich oder dankbar sind, unabhängig davon, wie klein oder unbedeutend es erscheint. Denken Sie daran, dass sich manchmal die besten Dinge in unserem Leben direkt vor unseren Augen befinden und nur darauf warten, dass wir sie bemerken.

Wenn Sie sich Ihren negativen Gedanken mit Dankbarkeit nähern, können Sie eine größere Wertschätzung für Ihr Leben entwickeln. Dankbarkeit für das, was wir haben, hilft uns dabei, Situationen positiver zu sehen, egal wie herausfordernd sie auch erscheinen mögen.

Ändern Sie Ihre Umgebung

Es passiert leicht, dass wir uns so sehr an einen bestimmten Ort gewöhnen, dass wir müde werden und gelangweilt sind. Dies kann zu Unruhegefühlen führen und negative Gedanken auslösen, denen wir nicht entkommen können. Wenn Sie sich von Ihren negativen Gedanken überwältigt fühlen, dann kann Ihnen ein Ortswechsel helfen, Ihren Geist von negativen Gedanken zu befreien. Dies bedeutet jedoch nicht, dass Sie ständig umziehen müssen. Einfache Dinge können Wunder bewirken, wie z. B. ein paar Stunden an einem anderen Ort zu verbringen – insbesondere, wenn es sich um einen schönen Ort, wie einen Park, handelt. Vielleicht haben Sie auch ein Lieblingscafé oder einen schön dekorierten Bereich eines Einkaufs- oder Gemeindezentrums, das Sie mögen. Nutzen Sie diese Orte, um Zeit außerhalb Ihres Zuhauses oder Ihrer Arbeit zu verbringen und Ihrem Leben Abwechslung zu verleihen. Hier werden Sie dazu in der Lage sein, Ihren Geist zu entspannen und klarer zu denken.

Treiben Sie Sport

Wie wir in der Einleitung dieses Buches besprochen haben, ist Angst eine der häufigsten Ursachen für negative Gedanken. In einigen Fällen entsteht diese Angst aus aufgestauten Spannungen in Körper und Geist. Eine Möglichkeit, um all diese Frustrationen und Spannungen im Körper abzubauen, besteht darin, sich sportlich zu betätigen. Sport bietet Ihnen zahlreiche Vorteile, wenn Sie sich von Ihren Angstzuständen oder von Ihren negativen Gedanken überwältigt fühlen. Einer der Vorteile von Sport besteht darin, dass die Freisetzung von Wohlfühl-Endorphinen, wie Dopamin und Serotonin, ausgelöst wird, was Ihre Stimmungslage erheblich verbessern kann. Sport verbessert auch die Durchblutung des Körpers und kann dazu beitragen, Symptome von Stress und Depressionen zu lindern.

Studien haben gezeigt, dass regelmäßiges Training die kognitiven Prozesse erheblich verbessern kann. Sie müssen kein intensives Fitnesstraining in einem Fitnessstudio absolvieren. Selbst dann, wenn Sie sich nur ein paar Minuten Zeit nehmen, um joggen oder spazieren zu gehen oder ein Trainingsgerät zu benutzen, kann dies die Durchblutung des Gehirnes erheblich verbessern und Ihre Gedanken reinigen. Wenn Sie sich das nächste Mal von Ihren negativen Gedanken angegriffen fühlen, dann nehmen Sie sich einen Moment Zeit, um sich zu dehnen, Sport zu treiben, joggen zu gehen oder einen kurzen Spaziergang zu machen. Wenn Sie sich in einer Wohnung oder einem Bürogebäude befinden, dann gehen Sie einige Treppen auf und ab. Ihr Körper und Geist werden es Ihnen sicherlich danken.

Praktizieren Sie die Tiefenatmung

Die Methode der Tiefenatmung ist eine sehr effektive Methode, um Ihren Geist von negativen Gedanken zu befreien. Dies liegt daran, dass ein tiefe Atmung Ihrem Gehirn signalisiert, sich zu entspannen. Diese Nachricht wird dann an Ihren Körper weitergeleitet und fordert ihn auf, sich ebenfalls zu entspannen.

Durch tiefe Atemübungen können sich Körper und Geist beruhigen, wenn Ihre negativen Gedanken überhandnehmen. Indem Sie tiefes Atmen üben, ermöglichen Sie es Ihrem Körper, eventuelle Spannungen abzubauen. Dies kann Ihnen dabei helfen, Ihre Angst- oder Stresszustände zu lindern. Wenn Sie sich von Ihren negativen Gedanken überwältigt fühlen, nehmen Sie sich ein paar Minuten Zeit, um Übungen der Tiefenatmung zu praktizieren. Atmen Sie kontrolliert durch die Nase ein und stoßen Sie dann die gesamte Luft (langsam) durch Ihr Zwerchfell aus. Auf diese Weise fühlen Sie sich fast augenblicklich ruhig und entspannt.

Setzen Sie Humor ein

Man sagt oft, dass Lachen die beste Medizin ist und dies trifft sicherlich zu, wenn es um den Umgang mit negativen Gedanken geht. Lachen setzt, genau wie Fitnessübungen, Glückshormone frei, die Ihre Stimmung verbessern können, wenn Sie sich von negativen Gedanken überwältigt fühlen. Natürlich kann es sehr schwierig sein, zu lachen, wenn Ihr Geist jede Minute Ihres Tages ständig mit unangenehmen Gedanken überflutet wird. Die Nutzung von Humor ist jedoch sehr effektiv und führt fast sofort zu positiven Ergebnissen.

Wenn Sie das Gefühl haben, dass das Leben schneller verläuft, als Sie mithalten können oder wenn Sie sich von Ihren negativen Gedanken überwältigt fühlen, dann können Sie viel Trost darin finden, einen Schritt zurückzutreten und über die Eigenarten des Lebens zu lachen. Sehen Sie sich eine Show an, die lustig ist, und selbst wenn Sie keine Lust dazu haben, werden Sie darüber lachen. Durch die Wirkung des Lachens werden Wohlfühlhormone freigesetzt.

Denken Sie daran, das Leben nicht immer so ernst zu nehmen, da sich dies negativ darauf auswirkt, wie sehr Sie Ihr Leben genießen können.

Zusammenfassung

Negative Gedanken können sehr überwältigend wirken und dazu führen, dass Sie das Gefühl haben, die Kontrolle über sich selbst und Ihr Leben zu verlieren. Es ist jedoch möglich, eine solche negative Denkweise zu überwinden. Mit den richtigen Strategien und Praktiken können Sie Ihren Geist von negativem Denken befreien und Ihr Selbstvertrauen zurückgewinnen (Bloom, 2015).

In diesem Kapitel haben Sie einige Möglichkeiten gelernt, wie Sie Ihren Geist von negativen Gedanken befreien können. Zusammenfassend sind nachfolgend die Dinge aufgeführt, die Sie tun müssen, wenn Sie sich von Ihren negativen Gedanken überwältigt fühlen.

- Achten Sie genau auf Ihre Körpersprache und passen Sie alle Aspekte neu an, die Ihre negativen Gedanken auslösen könnten.
- Teilen Sie Ihre unangenehmen Gedanken und Gefühle mit jemandem, dem Sie vertrauen.
- Nehmen Sie sich einen Moment Zeit, um sich zu entspannen und Ihren Geist zu beruhigen, sodass Sie damit beginnen können, Ihre negativen Gedanken objektiv zu beurteilen.
- Versuchen Sie, eine andere Sichtweise auf Ihre negativen Gedanken zu erhalten, indem Sie sie aus einem neuen Blickwinkel betrachten.
- Nutzen Sie Ihre Angst und Frustrationen als Kräfte für das Gute, indem Sie sie in Kreativität umwandeln. Malen, Schreiben und das Komponieren von Musik können dafür als gute Ausgangsbasis dienen.
- Machen Sie häufige Spaziergänge in einer ruhigen Umgebung, um Ihren Geist zu entspannen, wenn Sie sich von zu vielen negativen Gedanken überwältigt fühlen.
- Erkennen Sie die guten Dinge, konzentrieren Sie sich darauf und seien Sie dankbar für all die guten Dinge, die

- Ihnen das Leben gegeben hat, egal wie unbedeutend sie auch erscheinen mögen.
- Verbringen Sie einige Zeit an Ihren Lieblingsorten im Freien oder drinnen, an denen Sie sich wohl und entspannt fühlen. Dies kann Ihnen dabei helfen, Ihren Geist zu beruhigen, wenn Ihre negativen Gedanken überhandnehmen.
- Treiben Sie Sport, um Ihrem Körper einen Ausgleich für Angst und Stress zu geben. Sport wird Ihren Körper und Ihren Geist entspannen, wenn Sie sich von negativen Gedanken angegriffen fühlen. Es reicht aus, ein paar Minuten joggen zu gehen, Treppen zu steigen oder Dehnübungen zu machen.
- Praktizieren Sie Übungen der Tiefenatmung, um Verspannungen in Körper und Geist zu lösen, wenn Sie sich von negativen Gedanken überwältigt fühlen. Dies hilft Ihnen dabei, Klarheit zu erlangen.
- Lachen Sie, um Ihren negativen Gedanken entgegenzuwirken. Sie sollten das Leben nicht immer so ernst nehmen.

In diesem Kapitel haben Sie die verschiedenen Methoden kennengelernt, mit denen Sie Ihren Geist von negativen Gedanken befreien können. Ich habe keinen Zweifel daran, dass Sie jetzt über alle Werkzeuge verfügen, um negativen Gedanken entgegenzuwirken, wann immer diese in Ihrem täglichen Leben auftreten.

Im nächsten Kapitel lernen Sie einige Möglichkeiten kennen, wie Sie mit dem Problem des negativen Denkens umgehen und es dauerhaft aus Ihrem Leben entfernen können. Wenn Sie bemerkt haben, dass Sie stärker von Ihren negativen Gedanken besessen sind, als Sie sollten und dieses Verhalten endgültig hinter sich lassen möchten, dann wird das nächste Kapitel sehr hilfreich für Sie sein.

KAPITEL 3:

Beseitigen Sie die schlechte Angewohnheit des negativen Denkens für immer

Wenn Sie ständig darum kämpfen, Ihre negativen Denkmuster zu überwinden, dann kann es sein, dass Sie sich fragen, ob von Natur aus etwas nicht mit Ihnen stimmt. Dies könnte jedoch nicht weiter von der Wahrheit entfernt sein. Negatives Denken ist ein normaler Bestandteil des Menschseins. Im Laufe unserer Evolution haben wir dieses Merkmal natürlicherweise als Überlebensstrategie entwickelt. Wenn wir uns des negativen Potenzials in einer Situation oder Umgebung bewusst sind, können wir uns auch der Probleme bewusster werden, die unser Überleben bedrohen. Dies bedeutet, dass jeder irgendwann in seinem Leben in einem Kreislauf des pessimistischen Denkens gefangen sein kann.

Obwohl uns Menschen das negative Denken angeboren ist und oft ein Motivator für unser Handeln sein kann, so können die Gedanken dennoch unser Leben beeinträchtigen, wenn sie zu intensiv und zu häufig vorkommen. Aus diesem Grund ist es wichtig, dass sich Ihre negative Denkweise nicht zur Gewohnheit entwickelt. Wenn Sie jedoch das Gefühl haben, bereits in einer Spirale des Pessimismus und des negativen Denkens gefangen zu sein, dann bedeutet dies nicht, dass es keine Hoffnung mehr gibt! Tatsächlich gibt es verschiedene Möglichkeiten, wie Sie Ihre negative Denkweise steuern und endgültig überwinden können.

In diesem Kapitel präsentiere ich Ihnen nützliche Werkzeuge, mit denen Sie die schlechte Angewohnheit des negativen Denkens endgültig aus Ihrem Leben verbannen können.

Negative Gedankenmuster erkennen und ihnen ausweichen

Wenn Sie ständig von negativen Gedanken überflutet werden, dann wissen Sie, wie stressig dies sein kann. Aus diesem Grund müssen Sie umgehend Maßnahmen ergreifen, um die negativen Denkmuster zu neutralisieren.

Die erste Sache, die Sie in dieser Hinsicht tun können, besteht darin, die Spirale des negativen Denkens zu erkennen, in der Sie gefangen sind und einen Schritt zurückzutreten, um sie aus der Distanz heraus zu betrachten (O'Brien, 2019b). Das ist leichter gesagt als getan, oder? Tatsächlich ist es sehr einfach, sich Ihrer negativen Denkmuster bewusst zu werden, solange Sie über die richtigen Werkzeuge verfügen. Das wichtigste Werkzeug, das Sie benötigen, um dies zu erreichen, ist die „kognitive Defusion". Der Prozess der kognitiven Defusion ist wahrscheinlich etwas, mit dem Sie bereits vertraut sind, obwohl Sie sich dessen nicht bewusst sind.

Was ist kognitive Defusion und inwiefern ist sie hilfreich?

Die kognitive Defusion ist ein mentaler Prozess, der häufig mit der Akzeptanz- und Bindungstherapie (ABT) in Zusammenhang steht. Im Wesentlichen basiert das Konzept der kognitiven Defusion auf der Vorstellung, dass eine zu wörtliche Betrachtung unserer Gedanken zu mentalen und psychischen Problemen führen kann. Kognitive Defusionstechniken sollen unsere Gedanken mit unseren Erfahrungen zusammenführen, damit wir die Unterschiede zwischen den beiden erkennen können.

Um besser zu verstehen, wie die kognitive Defusion funktioniert, betrachten wir zunächst, wie unser Geist funktioniert. Im Allgemeinen unterliegt in unserem täglichen Leben alles, was wir erleben oder sehen, der Kennzeichnung, Kategorisierung, Bewertung und dem Vergleich. Dies ist ein Prozess, der automatisch abläuft und der durch unsere kognitiven Analysefunktionen erleichtert wird. Dies bedeutet, dass all diese Prozesse auch ohne unser eigenes Bewusstsein ablaufen, was bei der Problemlösung sehr nützlich ist.

Ein Problem entsteht jedoch, wenn diese mentalen Prozesse, die den Vergleich erleichtern und ein Urteil fällen, nach innen gerichtet sind. Dies führt typischerweise zu negativen Urteilen über uns selbst und auch dazu, dass wir allgemein zu kritisch sind. Wenn diese Prozesse mit unserer Psyche verschmelzen, beginnen wir schließlich, uns auf eine Weise mit ihnen zu verbinden, die die Realität nicht widerspiegelt. Dies führt zu Problemen, wie aufdringlichen negativen Gedanken.

Das Ziel der kognitiven Defusion besteht darin, uns zu erlauben, dass wir diese Prozesse erkennen, ohne eine Bindung mit ihnen herzustellen. Die kognitive Defusion ermöglicht es uns, Partnerschaften mit unseren Gedanken (sowohl negativ als auch positiv) zu bilden, ohne ihnen dabei die Kontrolle über unser Leben zu überlassen. Diese Denkweise erfordert, dass wir unsere Gedanken nicht unterdrücken oder ablenken, sondern sie beobachten und aus der Ferne anerkennen. Durch die Entwicklung einer kognitiven Defusion können wir die Gedanken, die brauchbar sind, von denen unterscheiden, die es nicht sind. Produktive Gedanken werden gefördert, weil sie uns dabei helfen, unsere Visionen und Bestrebungen im Leben zu verfolgen. Andererseits sollen Gedanken, die nicht produktiv oder positiv sind, nur beobachtet und anerkannt, aber nicht in die Tat umgesetzt werden, da sie uns nirgendwohin führen. Sie können betrachtet und dann als Hintergrundgeräusche behandelt werden.

Es gibt verschiedene Fähigkeiten, die am Prozess der kognitiven Defusion beteiligt sind. Dazu gehören die folgenden:

- Die Fähigkeit zu bewerten, ob ein Gedanke brauchbar und produktiv ist. Stimmt dieser Gedanke mit Ihren Werten und Bestrebungen im Leben überein?

- Die Entwicklung der Fähigkeit, Gedanken einfach als mentale Eindrücke und nicht als greifbare Dinge zu betrachten, die in der Realität existieren. Diese Fähigkeit ist sehr wertvoll, weil sie es uns ermöglicht, weniger stark in unseren Gedanken gefangen oder verwickelt zu sein, insbesondere in den negativen.

Die kognitive Defusion ist eine sehr wichtige Fähigkeit, die entwickelt werden muss, da sie auf verschiedene Arten angewendet werden kann. Einige der Szenarien, in denen diese Fähigkeit nützlich sein kann, sind:

- Wenn Sie Denkmuster haben, die sich wiederholen oder wiederkehren, insbesondere wenn diese Denkmuster mit Ihrer Meinung oder Ihrer Wahrnehmung in Bezug auf sich selbst zu tun haben, z. B.: „Ich bin nicht gut genug" oder „Ich werde es zu nichts bringen." Diese Gedanken mögen zunächst harmlos erscheinen, aber sobald sie in Ihrem Kopf Wurzeln schlagen, können sie Angstzustände und Selbstzweifel auslösen, was zu Negativität führen kann.
- Wenn Sie nicht dazu in der Lage sind, die Genauigkeit Ihrer Gedanken zu bestimmen (auch als *kognitive Umstrukturierung* bezeichnet). Die kognitive Defusion kann Ihnen dabei helfen, die psychologischen Auswirkungen von Gedanken zu verringern, ohne deren Inhalt oder Häufigkeit zu verändern.
- Wenn Ihre negativen Gedanken zu Hindernissen für Ihren Fortschritt werden. Manchmal, wenn wir ein Risiko für eine Sache eingehen wollen, die wir uns wirklich erhoffen, haben wir solche Gedanken wie: „Was ist, wenn ich versage?" oder „Ich bin nicht talentiert genug." Durch die kognitive Defusion können wir diese Gedanken umgehen, sodass wir auf eine Art und Weise handeln, die uns zu den Dingen führt, die wir uns wünschen, auch wenn dies beinhaltet, Risiken einzugehen.
- Wenn wir vor einem ernsthaften Problem stehen, mit dem wir uns auf realistische Art und Weise befassen sollten. Die

kognitive Defusion kann uns dabei helfen, den Stress zu lindern, indem wir uns gegenüber den Möglichkeiten öffnen, die in Situationen bestehen, die sehr beängstigend erscheinen können.

Es gibt verschiedene Techniken, die bei der kognitiven Defusion eingesetzt werden. Diese Techniken können auf jedes Gedankenmuster angewendet werden, obwohl sie am hilfreichsten sind, wenn man mit störenden negativen Gedanken konfrontiert ist.

Die erste Sache, die Sie tun müssen, wenn Sie die kognitive Defusion anwenden, besteht darin, über einen negativen Gedanken nachzudenken, von dem Sie ständig geplagt werden. Ein solcher negativer Gedanke könnte beispielsweise lauten: „Ich verdiene das nicht" oder „Das wird mir nie gelingen." Wenn Sie den negativen Gedanken identifiziert haben, konzentrieren Sie sich einen Moment darauf und machen Sie diesen Gedanken dann zum Ziel Ihrer kognitiven Defusionspraxis. Nachfolgend werden Ihnen einige der Techniken vorgestellt, die Sie anwenden müssen.

Erkennen und anerkennen

Zunächst einmal müssen Sie Ihre negativen Gedanken erkennen und anerkennen. Dazu gehört z. B. die folgende Erkenntnis: „Ich bemerke, dass ich diesen Gedanken habe [...]." Auf diese Weise können Sie Ihre Beziehung zu Ihren schwierigen Gedanken verändern.

Nennen Sie die Dinge beim Namen und weisen Sie Ihren Gedanken ein Etikett zu

Sehr oft geraten wir in negative Gedankenspiralen, weil wir versuchen, unsere negativen Gedanken zu bekämpfen oder sie wegzuschieben. Der Versuch, mit negativen Gedanken auf diese Weise umzugehen, verstärkt diese jedoch nur und führt dazu, dass sie eine noch größere Macht über unser Leben haben.

Wie gehen wir also mit den negativen Gedanken, die uns plagen, auf effektive und praktische Weise um? Die Technik „Nennen Sie die Dinge beim Namen (Name it to tame it)" befreit Sie von negativen Denkmustern, ohne sie jedoch bekämpfen zu müssen (O'Brien, 2019b). Und so funktioniert es:

Sobald Sie Ihre negativen Gedanken erkannt und anerkannt haben, müssen Sie sie als Nächstes beim Namen nennen. Sie können diese Technik auf zwei verschiedene Arten angehen.

Ihre Gedanken fallen normalerweise in die Kategorie bewertend oder beschreibend. Beschreibende Gedanken sind solche, die sich auf unsere direkte Sinneserfahrung beziehen, wie z. B. auf Dinge, die wir sehen, hören oder berühren. Evaluative Gedanken hingegen berücksichtigen unsere Erfahrungen und basieren meist auf Konzepten, wie z. B. gut-schlecht, richtig-falsch.

Wenn Sie über Ihre Gedanken nachdenken, sollten Sie diese je nach ihrer Art unterscheiden und entsprechend benennen können. Ist der negative Gedanke, den Sie haben, z. B. ein Bild, eine Frage oder ein Schuldbekenntnis? Sobald Sie Ihren wiederkehrenden negativen Gedanken identifiziert haben, können Sie ihn benennen, wenn er in Ihrem Kopf auftaucht. Möglicherweise haben Sie bereits bemerkt, dass der Großteil unserer negativen Gedanken immer wieder auftritt und normalerweise dieselben Handlungsstränge beinhaltet, wie z. B. „Ich bin nicht gut genug, um erfolgreich zu sein." Sie könnten sich darauf selbst folgende Antwort geben: „Das ist einer meiner Gedanken, in denen ich mir selbst die Schuld gebe" oder „Das ist schon wieder meine Angst vor Unzulänglichkeit." Auf diese Weise können Sie Distanz zu Ihrem Gedanken schaffen und diesen eher als konzeptionell, anstatt als die Wahrheit wahrnehmen. Das Ziel besteht darin, zu erkennen, dass es nur ein Gedanke ist, der nicht unbedingt die Realität widerspiegelt. Sobald Sie diesen Gedanken benannt haben, versuchen Sie einfach, ihn loszulassen. Benennen Sie diesen Gedanken und stellen Sie ihn dann in den Hintergrund, während Sie versuchen, über die Situation, in der Sie sich gerade befinden, anders nachzudenken. Auf diese Weise verhindern Sie, dass der negative

Gedanke die Kontrolle über Ihren mentalen Zustand und Ihre Stimmungslage übernimmt.

Schätzen Sie Ihren Geist

Hier besteht die Idee darin, Ihre negativen Gedanken nicht so stark zu berücksichtigen, da dies zu Spannungen und Kämpfen führt. Denken Sie einen Moment über einen solchen Gedanken nach und legen Sie ihn dann beiseite. Immer dann, wenn dieser wiederkehrende Gedanke in Ihrem Kopf auftaucht, müssen Sie Ihrem Verstand „danken", dass er Ihnen diesen Gedanken gegeben hat, jedoch in einem sarkastischem Tonfall, ähnlich wie Sie auf einen nörgelnden Teenager reagieren würden, der etwas Provokatives zu Ihnen sagt, um eine Reaktion von Ihnen zu bekommen. Sagen Sie z. B. zu Ihrem Geist: „Ja, ja, ich weiß, sehr beängstigend, es könnte alles schiefgehen. Alles klar." Seien Sie dankbar, dass Sie über dieses potenzielle Ergebnis informiert wurden und wenden Sie sich dann positiveren Perspektiven der Situation zu.

Achtsame Beobachtung

Bei der achtsamen Beobachtung werden Ihre Gedanken mit einer neugierigen und offenen Geisteshaltung betrachtet. Verbringen Sie einige Zeit damit, Ihren Gedankenfluss zu beobachten, ohne jedoch dabei zu versuchen, ihn zu analysieren oder zu beurteilen. Dies könnte eine Herausforderung für Sie darstellen, da unser Geist natürlich darauf ausgelegt ist, Dinge zu bewerten, einschließlich unserer eigenen Gedanken. Wenn Sie jedoch feststellen, dass Sie sich zu sehr bemühen, Ihre Gedanken zu analysieren, dann nehmen Sie dies zur Kenntnis und beobachten Sie die darauffolgenden Gedanken weiter.

Es gibt verschiedene Bilder, die Ihnen dabei helfen können, achtsam zu beobachten. Beispielsweise können Sie sich Ihre Gedanken als Boote vorstellen, die auf einem See treiben. In diesem Fall repräsentiert der See Ihren Geist, während Ihre Gedanken durch die Boote repräsentiert werden. Versuchen Sie, Ihre Gedanken so zu beobachten, als würden Sie die Boote friedlich über den See gleiten sehen. Ebenso können Sie Bilder von Vögeln verwenden, die mühelos durch die Lüfte schweben.

Wenn Sie sich mit diesen Bildern einer achtsamen Beobachtung nähern, können Sie die Tendenz überwinden, Ihre Gedanken negativ zu analysieren, zu bewerten und zu beurteilen. Dieser Trick ermöglicht es Ihnen, Ihre Gedanken mit einem Gefühl der Neugier und Distanziertheit zu beobachten und hilft Ihnen somit dabei, Entspannung und Frieden zu erhalten.

Kommen Sie zur Besinnung

Wenn Sie Ihre negativen Gedanken genau beobachten, dann ist Ihnen möglicherweise bereits bewusst, dass die meisten von ihnen aus einer von zwei Quellen stammen.

Das erste ist eine Besessenheit in Bezug auf die Vergangenheit. Vielleicht verbringen Sie viel Zeit damit, über vergangene Handlungen nachzudenken, die Sie bereuen, über Umstände, die nicht so verliefen, wie Sie es sich erhofft hatten, oder über schlechte Dinge, die Ihnen passiert sind. Dies kann zu einem ständigen Gefühl von Schuld und Traurigkeit führen und Sie zu negativem Denken veranlassen.

Der zweite Faktor, der zu negativen Gedanken beiträgt, ist die ständige Sorge um die Zukunft. Wir Menschen neigen dazu, Angst vor den Unsicherheiten des Lebens zu haben. Vielleicht sorgen Sie sich um die Zukunft Ihrer Familie, Ihrer Beziehungen oder Ihrer Karriere. Dies kann Sie in einen Zustand ständiger Sorge und Negativität versetzen.

Wenn Sie Ihre negativen Denkmuster genau untersuchen, dann werden Sie feststellen, dass Ihr Geist auf die Zukunft oder auf die Vergangenheit ausgerichtet ist.

Das Problem mit diesen negativen Gedankenmustern besteht darin, dass sie unseren Fokus von der realen Welt in eine andere Richtung lenken. Wenn Sie zu viel in diese negativen Gedanken investieren, dann verlieren Sie den Überblick über Ihr Leben.

Möglicherweise verlieren Sie auch die Verbindung zu den Menschen in Ihrem Leben und zu der Welt, in der Sie leben.

Um in der Gegenwart präsent zu sein, müssen Sie Ihre Aufmerksamkeit von Ihren negativen Gedanken ablenken und auf die Welt um Sie herum ausrichten. Sie können dies tun, indem Sie die Technik „Zu Sinnen kommen" üben. Diese Technik besteht darin, Ihre Aufmerksamkeit von Ihren negativen Gedanken umzuleiten, indem Sie sich auf Ihre Sinne konzentrieren. Achten Sie auf Ihre Umgebung und konzentrieren Sie sich auf das, was gerade passiert. Was können Sie hören, was können Sie sehen? Wie hängen diese Dinge mit Ihrer aktuellen Situation zusammen? Sie werden ein größeres Bewusstsein für sich selbst und die Welt um Sie herum entwickeln. Zudem werden Sie ein Gefühl der Ruhe und Entspannung erhalten, das Ihnen dabei hilft, sich zu erden, wenn Sie von negativen Gedanken geplagt werden.

Hilfreiche Fragen

Negative Denkmuster sind in der Regel sehr starr. Egal wie sehr Sie auch versuchen, diese zu überwinden, so können sie dennoch bestehen bleiben. Wenn Sie von negativen Gedanken geplagt werden, dann gibt es verschiedene Werkzeuge, mit denen Sie sich befreien und Ihre Situation ändern können. Diese Werkzeuge werden in Form von Fragen angewandt, die im Rahmen der Akzeptanz- und Bindungstherapie (ABT) verwendet werden. Die Fragen sollen Ihnen dabei helfen, Ihre negativen Gedanken herauszufordern, um Ihren Fokus zu verschieben.

Der beste Ansatz für diese Methode besteht darin, sich Fragen zu stellen und diese in Ihrem Kopf zu beantworten (O'Brien, 2019b). Hier sind einige der Fragen, die Sie berücksichtigen müssen, um negative Denkmuster zu überwinden.

- Ist dieser Gedanke in irgendeiner Weise hilfreich oder nützlich für mich?
- Ist dieser Gedanke in der Realität begründet?

- Ist dieser Gedanke wichtig oder beschäftigt sich mein Verstand nur mit geistigem Geschwätz?
- Hilft mir dieser Gedanke, Maßnahmen zur Erreichung meiner Ziele zu ergreifen?

Sobald Sie diese hilfreichen Fragen gestellt und beantwortet haben, können Sie einige positive Fragen beantworten, die Ihnen dabei helfen werden, Ihren Fokus auf konstruktive Gedanken zu lenken. Idealerweise sollten Sie diese Fragen einzeln bearbeiten und erst dann zur nächsten übergehen, wenn Sie die vorhergehende Frage ausreichend beantwortet haben.

- Was halte ich für wahr?
- Welches Ergebnis werde ich aus dieser Situation ziehen und wie kann ich dies erreichen?
- Was sollte ich tun, um das Beste aus dieser Situation herauszuholen?
- Wird es mir ohne diesen Gedanken besser gehen?
- Worauf kann ich mich jetzt konzentrieren?
- Kann ich das aus einem anderen Blickwinkel betrachten?
- Wofür kann ich in diesem Moment dankbar sein?

Das Stellen und Beantworten dieser Fragen kann Ihre Perspektive ändern und Ihre Aufmerksamkeit von Ihren negativen Gedanken auf das positive Potenzial Ihrer alltäglichen Realität lenken.

Zusammenfassung

In diesem Kapitel haben wir uns einige Werkzeuge und Techniken angesehen, die Ihnen dabei helfen können, Ihre negativen Denkmuster zu überwinden und die Macht und Kontrolle über Ihre Denkweise zurückzugewinnen. Wenn Sie sich von unangenehmen Gedankenmustern überwältigt fühlen, dann denken Sie daran:

- Verwenden Sie die kognitive Defusion, um zwischen den Gedanken in Ihrem Kopf und der Realität Ihrer Situation zu unterscheiden. Auf diese Weise können Sie eine positive

Beziehung zu Ihren Gedanken aufbauen. Diese Technik ermöglicht es Ihnen auch, Ihre Gedanken aus einer ruhigen Distanz zu betrachten, anstatt zuzulassen, dass die Gedanken Ihre Emotionen und Handlungen steuern.
- Lernen und üben Sie die Technik „Name it to tame it". Diese wird Ihnen dabei helfen, sich von negativen Gedankenmustern zu befreien, ohne dagegen ankämpfen zu müssen.
- Seien Sie in der Gegenwart präsent, indem Sie Ihre Aufmerksamkeit von Ihren negativen Gedanken ablenken und auf Ihre Sinneswahrnehmungen Ihrer unmittelbaren Situation umlenken. Dies wird Ihnen Erleichterung verschaffen, indem Sie Ihren Geist beruhigen und sich von den Sorgen in Bezug auf Ihre Vergangenheit oder Zukunft befreien.
- Verwenden Sie „hilfreiche Fragen", um tief in Ihre Gedankenwelt einzudringen und deren Richtigkeit zu bestimmen. Sie können auch Folgefragen verwenden, um Ihre negativen Gedanken herauszufordern und durch positive zu ersetzen.

Dieses Kapitel legte den Fokus darauf, Ihnen Werkzeuge und Techniken an die Hand zu geben, mit denen Sie effektiv mit negativen Gedanken umgehen können. Die Strategien, die wir besprochen haben, haben sich bewährt. Wenn Sie ständig mit negativen Gedanken zu kämpfen haben, üben Sie diese Strategien. Sie werden Ihnen dabei helfen, die negativen Gedankenmuster, mit denen Sie konfrontiert sind, zu beseitigen und die Kontrolle über Ihr Denken zurückzugewinnen.

Im nächsten Kapitel lernen Sie, wie Sie die Kontrolle über Ihre Denkweise übernehmen und verhindern können, dass Sie sich in Negativität verwandelt. Dieses nächste Kapitel ist zweifellos eines der wichtigsten in diesem Buch, da es Ihnen zeigt, wie Sie negatives Denken abwenden können, bevor diese negativen Gedanken zu einem größeren Problem werden. Achten Sie genau auf diese Hinweise. Sie sind von unschätzbarem Wert für Ihre Strategie, Ihre negative Denkweise dauerhaft zu beseitigen.

KAPITEL 4:

Wie Sie Ihre Gedanken kontrollieren und aufhören, diese in Negativität zu verwandeln

Depressionen und Angstzustände zeichnen sich oft durch negative Gedanken aus, mit denen man nur schwer umgehen kann. Menschen erkennen oft nicht, wie stark sie von ihrer negativen Denkweise beeinflusst werden, bis es zu spät ist. Selbst dann, wenn Ihr negatives Denken zur Gewohnheit geworden ist, so gibt es dennoch mentale Strategien, mit denen Sie die Kontrolle über Ihr Denken übernehmen können. Lassen Sie uns einige dieser Strategien untersuchen und herausfinden, wie wir sie verwenden können, um mit unseren negativen Gedanken umzugehen.

Eine mentale Verschiebung durchführen

Um die Kontrolle über Ihr Denken zu übernehmen und zu verhindern, dass negative Gedanken in Ihrem Kopf Einzug halten, müssen Sie sich bewusst anstrengen, um Ihre Denkweise zu verändern. Dies kann sehr schwierig sein. Wenn Sie jedoch regelmäßig üben, wird dies bald vollkommen natürlich für Sie und Sie können Ihr Denken ohne großen Aufwand verändern.

Was bedeutet es also, eine mentale Veränderung vorzunehmen? Grundsätzlich bedeutet eine Verlagerung Ihres mentalen Fokus, dass Sie Ihre etablierte Wahrnehmung einer schwierigen Situation infrage stellen. Sie müssen überlegen, mit welchen Sorgen Sie möglicherweise konfrontiert sind und Ihre Aufmerksamkeit auf etwas anderes lenken. Das Ziel der mentalen Verschiebung besteht darin, den Kreislauf unerwünschter oder unangenehmer wiederkehrender Gedanken zu durchbrechen (Elmer, 2019).

Eine Schlüsselkomponente dieser Strategie ist, die negativen Gedanken umzukehren, die Sie möglicherweise von anderen Personen übernommen haben. Wenn Sie beispielsweise mit der Einstellung erzogen wurden, dass Sie im akademischen Bereich hervorragende Leistungen erbringen müssen, um eine gute Zukunft zu haben, könnten Sie sich wie ein Versager fühlen, wenn Sie dies nicht erreichen. Wenn Sie an diesen Überzeugungen festhalten, sind Sie möglicherweise sehr anfällig für negatives Denken. Deshalb müssen Sie solche Überzeugungen ablegen, wenn Sie die negativen Gedankenmuster, für die Sie anfällig sind, ablegen möchten.

Indem Sie Ihren Fokus bewusst von negativen Gedanken abwenden, können Sie Angst und Stress erheblich lindern und sich von unangenehmen Denkmustern befreien.

Enthalten Ihre Gedanken das Wörtchen „sollen"?

Wenn Sie lernen, wie Sie eine mentale Veränderung vornehmen, dann müssen Sie die allgemeinen Gedankenschleifen identifizieren und lernen, wie Sie negative Gedanken sofort erkennen. Wenn Ihr Denkprozess beispielsweise das Wort „sollte" enthält, müssen Sie herausfinden, warum Sie so denken. Es kann z. B. sein, dass Sie eine negative Denkweise haben, die Ihnen Folgendes sagt: „Ich sollte eine bestimmte Sache tun" oder „Ich sollte dieses Gefühl nicht empfinden." Obwohl diese Gedanken gut gemeint sein mögen, so können sie dennoch Schuldgefühle in Ihnen hervorrufen und Sie in eine Spirale des negativen Denkens ziehen.

Eine gute Möglichkeit, um solchen Gedanken entgegenzuwirken, besteht darin, die Worte zu ändern, die Sie verwenden und Ihre Unvollkommenheit und Einschränkungen als Mensch zu akzeptieren. Anstatt zu denken „Ich sollte nicht so empfinden", können Sie sich stattdessen sagen: „Ich fühle mich momentan aufgrund der Herausforderungen, die ich erlebe, nicht gut, aber ich bin sicher, dass das vorbeigehen wird." Wenn Sie Ihren Denkansatz auf diese Weise ändern, können Sie den Druck, der auf Ihnen lastet, erheblich lindern.

Um eine erfolgreiche mentale Veränderung zu erreichen, müssen Sie zudem alle Muster des negativen Denkens identifizieren. In den meisten Fällen entstehen Gedanken, die Anweisungen ausdrücken, wie z. B. „Ich sollte", aus mentalen Verzerrungen, die als *automatische negative Denkweise* bezeichnet werden.

Negative Gedanken, die durch eine automatische negative Denkweise entstehen, spiegeln normalerweise starke Abneigungen wider, die wir gegenüber bestimmten Dingen haben können. Diese Gedanken neigen dazu, sich zu Gewohnheiten zu entwickeln und extrem hartnäckig zu werden, was den Umgang mit ihnen sehr schwierig macht. Sie kommen normalerweise häufig vor, wenn man mit Angstzuständen oder Depressionen zu kämpfen hat.

Die automatische negative Denkweise ist nicht immer leicht zu erkennen, da sie sich normalerweise über einen langen Zeitraum entwickelt. Die meisten Menschen sind sich der Tatsache nicht einmal bewusst, dass dies die Ursache ihrer negativen Gedanken ist, es sei denn, dass sie darauf hingewiesen werden. Sie können diese Denkmuster jedoch identifizieren, indem Sie Aufzeichnungen über Ihre Gedanken führen.

Sie können dies folgendermaßen tun:

- Identifizieren Sie die Situation, in der Sie sich befinden.
- Erkennen und notieren Sie alle Emotionen, die Sie möglicherweise erleben.
- Achten Sie auf die Bilder oder Gedanken, die Ihnen in den Sinn kommen.

Nachfolgend werden Ihnen die Schritte erläutert, die Sie ausführen müssen, um herauszufinden, ob Ihre negativen Gedanken einer automatischen negativen Denkweise entspringen.

1. Die Situation einschätzen

Zunächst müssen Sie die Situation bewerten, in der Sie sich befinden. Einige der wichtigsten Fragen, die Ihnen bei dieser Bewertung helfen können, sind folgende:

- Welche Personen sind in diese Situation verwickelt?
- Wo hat sich dieser Vorfall ereignet?
- Wie habe ich dazu beigetragen, um mich in dieser Position zu befinden?
- Wie kam es zu diesem Ereignis?

2. Bewerten Sie Ihre Stimmung und Gefühle

Sie müssen alle Emotionen aufschreiben, die Sie aufgrund der Situation erleben. Sind Sie z. B. wütend, nervös oder traurig? Es ist auch eine gute Idee, zu notieren, inwieweit Sie sich betroffen fühlen. Sie können Prozentsätze oder andere Skalen verwenden, um dies zu bewerten: „Ich fühle mich heute zu 75 % traurig" oder „Auf einer Skala von 1 bis 10 liegt meine Traurigkeit bei 7". Verschwenden Sie nicht zu viele Gedanken daran, ob die Prozentsätze total korrekt sind. Sie können eine passende Zahl auswählen, je nachdem, inwieweit Sie diese besonderen Emotionen verspüren. Die Lösung besteht darin, Ihren Instinkten zu vertrauen und sich Zeit zu nehmen, um Ihre Stimmungslage und Gefühle zu bewerten.

3. Notieren Sie die automatischen Gedanken, die Ihnen durch den Kopf gehen

Der letzte und wichtigste Schritt in diesem Prozess besteht darin, die automatischen Gedanken zu notieren, die Ihnen durch den Kopf gehen. Dies können Gedanken sein wie:

- Ich bin dumm.
- Ich überreagiere.
- Ich kann mich jetzt nicht darum kümmern.

Wenn Sie feststellen, dass sich solche automatischen negativen Gedanken in Ihrem Kopf manifestieren, dann sollten Sie die Situation zerlegen, um besser damit umgehen zu können. Auf diese Weise können Sie die Perspektive wechseln und verhindern, dass Ihre Stimmung von Ihrer negativen Denkweise beeinflusst wird.

Sie müssen die Gründe für Ihre negative Denkweise untersuchen, um herauszufinden, warum die Situation, in der Sie sich befinden, Sie dazu bringt, so zu denken. Wenn Ihre negative Denkweise z. B. lautet „Ich werde niemals eine gute Mutter/ein guter Vater sein", dann können Sie sich fragen, ob dieser Gedanke auf die Art und Weise zurückzuführen ist, wie Sie von Ihren Eltern erzogen wurden. Es ist wichtig, diesen Denkprozess bis zu seiner logischen Schlussfolgerung zu verfolgen, da Ihnen diese Vorgehensweise verraten kann, warum Sie zu solchen negativen Gedanken über sich selbst neigen.

Es kann sich auch lohnen, sich das Worst-Case-Szenario vorzustellen und die Gefühle zu notieren, die dabei in Ihnen hervorgerufen werden. Wenn Sie Ihre Situation offen und ehrlich bewerten, dann stellen Sie eventuell fest, dass Ihre Überzeugungen in Bezug auf sich selbst völlig unbegründet sind und dass Sie keinen Grund haben, ängstlich zu sein.

Sobald Sie Ihre automatische negative Denkweise identifiziert haben, müssen Sie sie überprüfen, um festzustellen, ob sie zutrifft. Vielleicht stellen Sie fest, dass es keinerlei Beweise gibt, die Ihren Gedankengang stützen. Selbst dann, wenn es Beweise gibt, die auf früheren Erfahrungen beruhen, sind diese in Ihrer aktuellen Situation vermutlich nicht genauso anwendbar.

Aus diesem Grund müssen Sie bei der Untersuchung Ihrer automatischen negativen Denkweise eher auf glaubwürdige Beweise, als auf Emotionen Wert legen. Wägen Sie alle Beweise ab, bevor Sie beurteilen, ob Ihr Gedanke auf Rationalität beruht oder nur ein weiteres Symptom für Angst ist. Wenn Sie feststellen, dass Ihr Gedankengang irrational ist, dann können Sie ihn durch einen neuen ersetzen, der alle fundierten Beweise berücksichtigt und es Ihrem rationalen Verstand ermöglicht, Ihre Denkweise selbst zu bestimmen.

In Bezug auf eine stressige, automatische negative Denkweise ist es auch wichtig zu erkennen, wann Sie sich von Ihren Gedanken überwältigt fühlen. Menschen reagieren schnell defensiv, wenn sie mit schwierigen Gedanken zu tun haben, die sie nicht kontrollieren können. Dies ist nicht nur unwirksam, sondern kann auch kontraproduktiv sein. Der Versuch, Ihre Gedanken zu bekämpfen, macht diese nur stärker, was dazu führen kann, dass Sie in eine Spirale der Angst geraten. Unabhängig davon, woher Ihre negativen Gedanken kommen, müssen Sie sie zuerst überwinden, um sie dann vorsichtig in Ihrem Geist willkommen zu heißen. Das ist keineswegs einfach. Schließlich genießt es niemand, ständig von negativen Gedanken überflutet zu werden. Indem Sie Ihre unangenehmen Gedanken vorsichtig akzeptieren, reduzieren Sie die mentale Belastung erheblich und verbrauchen weniger Energie als beim Versuch, sie zu bekämpfen. Anstatt all Ihre Anstrengungen damit zu verbringen, Ihre negativen Gedanken zu bekämpfen, sollten Sie die Möglichkeit in Betracht ziehen, dass diese Gedanken da sind, um Ihnen etwas beizubringen. Ich versichere Ihnen: Sobald Sie erfahren, dass stressige Gedanken aus einem bestimmten Grund aufkommen, sind Sie besser darauf vorbereitet, die Gefühle der Angst und Frustration zu bewältigen, die diese stressigen Gedanken hervorrufen.

Zusammenfassung

In diesem Kapitel haben Sie gelernt, dass Sie eine mentale Veränderung vornehmen müssen, um Ihre Gedanken zu kontrollieren und nicht mehr in Negativität zu verfallen. Es gibt mehrere wichtige Erkenntnisse aus diesem Kapitel. Wenn es um den Umgang mit negativen Denkgewohnheiten geht, sind hier einige wichtige Dinge zu beachten.

- Eine mentale Veränderung ist entscheidend, um negative Gedanken endgültig abzulegen. Dazu müssen Sie in der

Lage sein, Ihre negativen Gedanken herauszufordern und deren Plausibilität zu bestimmen. Um dies zu erreichen, müssen Sie Ihre Gedanken von der negativen Geschichte in Ihrem Kopf ablenken und diese durch eine andere Perspektive ersetzen, die die Fakten der Situation berücksichtigt.

- Gedanken, die das Wort „sollte" enthalten, sind sehr schwierig zu behandeln, da sie einen starken Druck erzeugen, der gelöst werden muss. Wenn Sie also solche Gedanken haben, dann müssen Sie Ihre Denkmuster aufschlüsseln. Im Allgemeinen spiegeln solche Gedanken eine automatische negative Denkweise wider, die sich im Laufe der Zeit entwickelt hat. Es ist daher wichtig, diese Denkweise zu hinterfragen, um festzustellen, ob sie durch Beweise gestützt wird oder einfach nur geistiges Geschwätz ist, das sich aus lang entwickelten Gewohnheiten ergibt (Elmer, 2019).

Es ist sehr wichtig zu lernen, wie man automatische negative Denkmuster identifiziert und bewertet, um eine mentale Abkehr vom negativen Denken zu erreichen. Wenn Sie mit dieser Art von Gedanken zu kämpfen haben, kann sich die Entwicklung dieser Fähigkeiten von unschätzbarem Wert erweisen. In den meisten Fällen geht eine negative Denkweise damit einher, dass man sich zu viele Gedanken macht, was ebenfalls ein großes Problem sein kann. Das obsessive Nachdenken über negative Dinge kann Ihre Stimmung ernsthaft beeinträchtigen.

Im nächsten Kapitel werden wir uns einige Strategien ansehen, die Sie anwenden können, um mit übermäßigem Grübeln umzugehen und die Tendenz zu überwinden, von Ihren negativen Gedanken besessen zu sein. Am Ende des Kapitels sollten Sie imstande sein, leicht zu erkennen, auf welche Art und Weise Ihr übermäßiges Nachdenken entsteht und Sie sollten verschiedene Techniken verwenden können, um dieses Problem zu beheben.

KAPITEL 5:

Wie man damit aufhört, sich zu viele Gedanken zu machen

Sich zu viele Gedanken zu machen ist ein häufig vorkommendes Problem, das Menschen aller Altersgruppen betrifft. Während es normal ist, ab und zu über einige Dinge nachzudenken, so kann es zu einem ernsthaften Problem werden, wenn Sie Ihre ganze Zeit damit verbringen, über verschiedene Dinge nachzugrübeln.

Übermäßiges Grübeln tritt normalerweise dann auf, wenn Sie von der Vergangenheit besessen sind oder sich Sorgen um die Zukunft machen. Im Gegensatz zu einer normalen Denkweise, die auf eine Problemlösung ausgerichtet ist, führt das übermäßige Nachdenken nur dazu, dass Sie sich mit dem Problem befassen, ohne jedoch Lösungen dafür zu finden (Oppong, 2020). Es ist normal und sogar hilfreich, in Momenten der Selbstreflexion viel nachzudenken, da Sie so wichtige Erkenntnisse gewinnen können, die Ihnen hilfreich dabei sind, die Probleme zu lösen, mit denen Sie konfrontiert werden. Übermäßiges Nachdenken macht Sie jedoch nur machtlos in Bezug auf Ihre Situation und erfüllt keinen sinnvollen Zweck.

Leider ist es in den meisten Fällen nicht leicht zu sagen, ob Sie sich tatsächlich zu viele Sorgen machen. Einige Leute verwechseln übermäßiges Nachdenken mit Selbstreflexion, da man bei beiden Aktivitäten viel Zeit damit verbringt, über etwas nachzudenken. Der Unterschied zwischen diesen beiden Aktivitäten besteht jedoch darin, dass Selbstreflexion zu nützlichen Einsichten führt, während übermäßiges Nachdenken Ihnen lediglich Energie und Zeit raubt. Es spielt keine Rolle, wie lange Sie übermäßig viel grübeln. Es ist unwahrscheinlich, dass Sie eine Lösung für Ihr Problem finden. Aus diesem Grund ist es wichtig zu erkennen, wann Sie zu viel nachdenken sowie zu lernen, wie Sie verhindern können, dass Ihr Geist durcheinander gerät.

Nachfolgend sind einige Anzeichen aufgeführt, die darauf hinweisen, dass Sie möglicherweise übermäßig viel nachdenken:

- Sie müssen ständig über einen negativen Vorfall in der Vergangenheit nachdenken.
- Sie beschäftigen sich sehr oft mit negativen Gedanken.
- Sie konzentrieren sich in jeder Situation auf das Worst-Case-Szenario.
- Sie neigen dazu, über vergangene Fehler und Misserfolge nachzudenken, obwohl diese womöglich keinen Einfluss auf Ihr aktuelles Leben haben.
- Sie neigen dazu, jedes Detail Ihrer alltäglichen Interaktionen mit anderen Menschen zu analysieren.
- Sie stellen sich oft peinliche Momente vor, die Sie in der Vergangenheit hatten.
- Es fällt Ihnen schwer, einzuschlafen, weil Ihr Geist nicht abschalten kann.
- Sie verbringen viel Zeit damit, nach versteckten Bedeutungen in den Aussagen zu suchen, die andere Menschen tätigen. Es könnte sein, dass Sie die Aussagen Ihrer Mitmenschen überinterpretieren.
- Sie verbringen viel Zeit damit, über Dinge nachzudenken, über die Sie absolut keine Kontrolle haben.

Übermäßiges Nachdenken ist ein ernstes Problem, das Ihr Selbstwertgefühl und Ihren Seelenfrieden schädigen kann. Nur weil Sie von ständigen negativen Gedanken geplagt werden, heißt das nicht, dass Sie aufgeben sollten. Im Folgenden werde ich verschiedene Schritte beschreiben, mit denen Sie die Kontrolle über Ihr Leben wiedererlangen und das Problem des übermäßig starken Nachdenkens überwinden können.

Entwickeln Sie ein Bewusstsein für das Problem

Inzwischen verstehen Sie wahrscheinlich, dass die meisten Gedanken, die wir haben, spontan und automatisch auftreten. Im vorigen Kapitel haben wir uns angesehen, wie unsere automatischen negativen Gedanken aus Gewohnheiten entstehen, die wir im Laufe unseres Lebens unbewusst entwickelt haben. Normalerweise klammern sich diese Gedanken an unseren Geist und wiederholen sich, wodurch es unmöglich wird, Fortschritte in unserem Leben zu erzielen. Der erste Schritt zur Überwindung des übermäßigen Nachdenkens besteht daher darin, sich Ihrer Gedanken bewusst zu sein. Sie müssen beginnen, Ihre Gedanken aus der Perspektive eines externen Beobachters zu betrachten, um sich von ihnen zu lösen.

Ein Beobachter Ihrer eigenen Gedanken zu werden, bedeutet mehr als nur Ihre Gedanken zu identifizieren. Im Wesentlichen müssen Sie sich der Empfindungen und Gefühle bewusstwerden, die mit Ihren negativen Gedanken einhergehen. Dies liegt daran, dass unsere Gedanken automatisch ablaufen und meistens unsere gesamte Aufmerksamkeit auf sich ziehen. Sie entstehen und zerstreuen sich oft blitzschnell, was es uns sehr schwer macht, uns auf einen einzelnen Gedanken zu konzentrieren und ihn bis zu seiner Entstehung zu verfolgen. Trotzdem ist Selbstbeobachtung eine Fähigkeit, die sehr gut zu erlernen ist, wenn sie oft geübt wird.

Wenn Sie lernen, Ihre negative Denkweise aus einer neutralen oder objektiven Sicht zu beobachten und zu bewerten, erhalten Sie eine andere Perspektive. Sie werden dazu in der Lage sein, die Quelle Ihrer negativen Gedanken sowie die Art und Weise, wie sie Ihre Emotionen und Stimmungen beeinflussen, zu verstehen. Sie werden ebenfalls dazu in der Lage sein, kontraproduktive Abwehrmechanismen zu entwickeln, auf die Sie normalerweise zurückgreifen, wenn Sie von schwierigen wiederkehrenden Gedanken geplagt werden. Wenn Sie lernen, Ihre obsessiven Gedankenmuster zu beobachten, dann werden Sie erkennen, dass Ihre Gedanken ganz von selbst entstehen. Diese Erkenntnis ermöglicht es Ihnen, Ihre Gedanken von einem objektiveren Standpunkt aus zu sehen. Dies kann Ihnen immer dann viel Erleichterung und Seelenfrieden verschaffen, wenn Sie zu viel über etwas Negatives nachdenken.

Verstehen Sie Ihre Auslöser

Übermäßiges Nachdenken ist ein Problem, das unsere emotionale Gesundheit tiefgreifend beeinflusst. Das liegt daran, dass wir selten übermäßig stark über alle positiven Dinge in unserem Leben nachdenken. Übermäßiges Nachdenken ist normalerweise in einer negativen Erinnerung oder in einer Sorge verankert. Aus diesem Grund ist es wichtig, die emotionalen Auslöser zu erkennen und zu verstehen, um mit ständigen Grübeleien effektiv umgehen zu können. Emotionale Auslöser beziehen sich unter anderem auf Worte, Handlungen, Meinungen, Situationen und Menschen, die in Ihnen starke negative Emotionen hervorrufen. Wenn diese Auslöser auftreten, dann kann es sein, dass Sie eine Reihe von Emotionen erleben - darunter Angst, Wut und Traurigkeit. Diese Emotionen können wiederum dazu führen, dass Sie in übermäßigem Nachdenken versinken. Es gibt verschiedene Gründe, warum diese Trigger solche Emotionen in Ihnen auslösen können. Dazu gehören:

1. *Vergangene Traumata*

Eine Person, die in der Vergangenheit ein sehr traumatisches Ereignis erlebt hat, kann getriggert werden, wenn sie etwas sieht, hört, riecht, berührt oder schmeckt, das sie an ihre negative Erfahrung erinnert. Beispielsweise kann eine Person, die als Kind von ihren Betreuern missbraucht wurde, getriggert werden, wenn sie andere Eltern sieht, die eine schlechte Beziehung zu ihrem Kind haben. In ähnlicher Weise kann sich eine Person, deren Ehepartner aufgrund des Konsums von Tabak an Lungenkrebs gestorben ist, durch den Geruch von Zigaretten oder immer dann, wenn sie jemanden rauchen sieht, getriggert fühlen.

Posttraumatische Auslöser sind normalerweise ein Symptom dafür, dass dieses Trauma nicht aufgearbeitet wurde. Glücklicherweise kann dies durch eine geführte Verhaltenstherapie gelöst werden, die den Opfern dabei helfen soll, ihre Trigger zu verstehen und effektive Wege zu finden, mit ihnen umzugehen.

2. Widersprüchliche Überzeugungen und Werte

Wir Menschen neigen dazu, unsere Überzeugungen energisch einzuhalten und zu verteidigen. Die Glaubenssysteme, die wir im Laufe unseres Lebens gelernt und angenommen haben, spielen eine entscheidende Rolle bei der Gestaltung unserer Werte. Dies prägt anschließend unser Denken und unser Verhalten. Wenn wir uns zu stark mit einer bestimmten Überzeugung identifizieren, fällt es uns möglicherweise schwer, tolerant gegenüber den Überzeugungen anderer Menschen zu sein, insbesondere wenn sie unseren eigenen widersprechen. Deshalb schafft Religion so viele Konflikte und Uneinigkeit in der Gesellschaft. Unsere Überzeugungen geben uns ein Gefühl von Halt und Sicherheit in der komplizierten Welt, in der wir leben. Wenn diese herausgefordert werden, haben wir oftmals das Gefühl, dass die gesamte Grundlage unseres Lebens in Gefahr geraten ist. Wenn andere Menschen unsere Überzeugungen und Werte infrage stellen, sehen wir dies meistens als Angriff auf unsere Persönlichkeit an. Es ist jedoch wichtig, zu erkennen, dass selbst die beständigsten Glaubenssysteme nicht unveränderbar sind. Sie können sich im Laufe der Zeit ändern, wenn wir neue Informationen und Erfahrungen sammeln.

3. Bewahrung unseres Egos

Wenn Sie ein grundlegendes Verständnis der modernen Psychologie besitzen, dann sind Sie möglicherweise mit dem Konzept des „Ego" vertraut. Im Wesentlichen ist das Ego das ausgeprägte Gefühl der Selbstheit, das jeder Mensch während seines gesamten Lebens mit sich trägt. Darunter versteht man den Zusammenfluss vieler Dinge, einschließlich unserer vorgefassten Gedanken und Vorstellungen, kulturellen Werte, Erziehung, Glaubenssysteme,

Erinnerungen, Wünsche und Gewohnheiten. Der Hauptzweck besteht darin, unsere Erfahrung der Selbstheit fortzusetzen und uns davor zu schützen, den Tod unseres vertrauten Selbst zu erleben. Unser Ego schafft also ein Netzwerk von Ideen, Gedanken, Überzeugungen und Gewohnheiten, wovon wir unseren Identitätssinn ableiten. Daher ist es nicht verwunderlich, dass wir sofort getriggert werden, wenn unser Identitätsgefühl von anderen Menschen infrage gestellt wird. Wenn uns jemand verletzt, wird unser Ego sofort aktiv, um unsere Identität zu verteidigen. Einige der Möglichkeiten, mit denen wir reagieren können, umfassen Streit, Beleidigungen, Verleumdungen oder die Abwertung der Zielscheibe unseres Zornes. In extremen Fällen können manche Menschen schwere Verbrechen, wie Körperverletzung oder Mord, begehen, wenn sie das Gefühl haben, dass ihr Ego bedroht ist. Dies zeigt, wie mächtig dieser Aspekt unseres Lebens tatsächlich ist. Unser Ego kann zwar sehr destruktiv sein, es kann aber auch eine Kraft für das Gute sein, wenn es im Gleichgewicht gehalten wird. Schließlich ist das Ego ein wesentlicher Aspekt jedes Menschen.

Jeder Mensch hat ein Ego. Die Tatsache, dass es keinen hohen Prozentsatz von Menschen gibt, die schwere Verbrechen begehen, liegt daran, dass ein ausgeglichenes Ego eine wünschenswerte, nützliche und häufig vorkommende Sache ist. Wenn Sie ein Problem mit Menschen oder Konzepten haben, die Ihr Ego herausfordern, müssen Sie lernen, wie Sie Ihr Ego kontrollieren, damit Sie die Perspektiven anderer Menschen akzeptieren können, ohne sich bedroht zu fühlen. Einige der Praktiken, die Ihnen dabei helfen könnten, umfassen Meditation, Selbstbeobachtung und das Unterstützen von anderen Menschen.

Wenn Sie verstehen, wie das Ego funktioniert und ein gesundes Ego entwickeln, dann können Sie die Auslöser überwinden, die Sie für übermäßige Grübeleien anfällig machen.

Fokus auf das Gesamtbild

Sehr oft werden wir von den kleinen Sorgen und Ängsten unseres täglichen Lebens abgelenkt, bis wir an einen Punkt gelangen, an dem wir unsere großen Ziele aus den Augen verlieren. Tatsächlich dauert es einige Zeit, bis die meisten Ziele im Leben erreicht werden können, egal ob sie sich auf die Karriere oder auf Beziehungen beziehen. Je länger dieser Zeitraum dauert, desto leichter passiert es, dass Sie das Gesamtbild aus den Augen verlieren. Wenn Sie sich zu stark auf die kleinen Details konzentrieren, die Ihre Ambitionen beeinflussen, haben Sie unweigerlich weniger Zeit, um über Ihre eigentlichen Ziele nachzudenken. Dies kann sich nachteilig auf Ihren allgemeinen Antrieb und Ihre Motivation auswirken. In einigen Fällen kann es passieren, dass Sie Ihr Ziel völlig vergessen, da Sie durch unmittelbare Sorgen und Probleme abgelenkt werden. Um die Verfolgung Ihrer Bestrebungen und Ziele zu gewährleisten, ist es wichtig, das Gesamtbild im Auge zu behalten.

Wie können Sie das schaffen? Nun, das Geheimnis, sich auf Ihre großen Ziele zu konzentrieren, besteht darin, diese wieder in Ihr Bewusstsein zu bringen. Im Wesentlichen müssen Sie sich ständig an Ihre persönliche Vision im Leben erinnern. Es gibt verschiedene Strategien, mit denen Sie sich regelmäßig an Ihre Lebensmission erinnern und sich auf das Gesamtbild konzentrieren können. Nachfolgend erhalten Sie einige Tipps, die Sie zu diesem Zweck anwenden können.

1. Nehmen Sie sich jede Woche etwas Zeit, um sich mit Ihrem Plan zu befassen

Sie müssen jede Woche einige Stunden investieren, um über Ihre Ziele und Ihre übergeordnete Mission im Leben nachzudenken. Dies dient dazu, sich an Ihre Ziele zu erinnern und sich von all den kleinen Ablenkungen zu lösen, die Sie möglicherweise davon abhalten, an der Verwirklichung Ihrer Lebensziele zu arbeiten.

2. Entwickeln Sie ein Symbol, das Sie an Ihre Mission erinnert

Es ist wichtig, ein Symbol zu finden, das Sie an Ihre Lebensziele erinnert. Sie können das Symbol selbst zeichnen, wenn Sie künstlerisch begabt sind. Sie können aber auch einfach ein Symbol auswählen, mit dem Sie sich identifizieren können und das mit Ihren Zielen übereinstimmt. Wenn Sie beispielsweise ein aufstrebender Musiker sind, können Sie ein musikalisches Symbol, Bilder Ihrer Mentoren oder anderer Personen, zu denen Sie aufschauen, als Symbole verwenden. Was oder wen Sie als Ihr Symbol auswählen, liegt ganz bei Ihnen. Drucken Sie dieses Symbol aus und platzieren Sie es an einem Ort, an dem es Ihre Aufmerksamkeit leicht auf sich zieht. Sie können das Bild über Ihr Bett, über die Tür Ihres Zimmers oder auf Ihren Schreibtisch kleben oder es sogar zu einem Anhänger machen, den Sie häufig tragen können. Jedes Mal, wenn Sie das Symbol sehen, werden Sie an Ihre Ziele erinnert.

3. Gönnen Sie sich selbst eine Pause

Manchmal sind wir so stark in unserer Karriere und in unseren gesellschaftlichen Verpflichtungen eingespannt, dass die positive und kreative Energie in uns völlig aufgebraucht wird. Dies kann zu Leistungsproblemen führen und schließlich zur Folge haben, dass wir frustriert sind und von negativen Gedanken überwältigt werden. Aus diesem Grund ist es sehr wichtig, häufig Pausen einzulegen, um Ihre geistige Kapazität wieder aufzuladen und zu erfrischen, sodass Sie wieder optimal weiterarbeiten können. Wenn Sie aufgrund eines Burn-outs negative Gedanken haben, ist es möglicherweise ratsam, sich etwas Zeit zu nehmen, um zur Ruhe zu kommen. Dies wird Ihnen dabei helfen, einen Neustart durchzuführen und Ihren Geist zu entspannen, damit Ihr Denken und Ihre Kreativität freier fließen können.

4. Beseitigen Sie alle Ablenkungen bei der Planung Ihrer Ziele

Ich empfehle Ihnen, mögliche Ablenkungen zu vermeiden, wenn Sie Ihre Ziele planen. Idealerweise sollten Sie einen ruhigen Ort ohne Ablenkungen finden, um bei der Ausarbeitung Ihrer Pläne für die Zukunft klarer denken zu können. Nehmen Sie sich Zeit, um sich auf sich selbst und auf das zu konzentrieren, was Sie erreichen möchten.

5. Schreiben Sie Ihre Ziele auf und lesen Sie sie häufig durch

Wenn Sie sich schriftlich zu Ihren Zielen verpflichten, entsteht ein persönlicher Vertrag mit Ihnen selbst, wodurch Sie sich besser mit Ihrem Leitbild identifizieren können. Sie müssen kein ganzes Buch schreiben, das alles im Detail beinhaltet. Eine Zusammenfassung von zwei bis drei Sätzen, die die Essenz Ihres Leitbildes erfasst, sollte ausreichen. Es kann sogar eine Liste in Stichworten sein. Wenn Sie sich über Ihre Mission im Klaren sind und sich schriftlich dazu verpflichtet haben, lesen Sie sie mindestens zweimal am Tag durch, insbesondere morgens, wenn Sie aufwachen und kurz bevor Sie ins Bett gehen. Auf diese Weise bleiben Ihre Ziele jederzeit im Vordergrund, auch wenn Sie mit den kleinen Herausforderungen Ihres täglichen Lebens beschäftigt sind.

Erkennen Sie, dass übermäßiges Nachdenken nicht von Dauer ist

Wenn Sie im Kreislauf des übermäßigen Nachdenkens gefangen sind, dann passiert es schnell, dass Sie davon überzeugt sind, es handele sich hierbei um eine Herausforderung, die Sie niemals bewältigen können. Diese düstere Denkweise kann dazu führen, dass Sie sich deprimiert und hoffnungslos fühlen. Sie kann auch zur Folge haben, dass Sie kontraproduktive Entscheidungen treffen, um Ihr negatives Denken zu bekämpfen, wodurch sich das Problem nur noch verschärft.

Nur weil Sie mit ständigen negativen Gedanken zu tun haben, heißt das noch lange nicht, dass Sie für immer zum Scheitern verurteilt sind! Chronisches übermäßiges Nachdenken muss nicht von Dauer sein. Indem Sie Ihre Einstellung von Resignation zu Entschlossenheit ändern, können Sie damit beginnen, das Problem anzugehen und einen effektiven Weg zu finden, um es zu lösen.

Minimieren Sie Ihren täglichen Input

Einer der Hauptgründe, warum wir in die Falle des übermäßigen Nachdenkens geraten, besteht darin, dass wir uns zu vielen Informationen aussetzen. In dem Zeitalter, in dem wir leben, werden wir ständig von riesigen Mengen an Informationen überflutet, die aus verschiedenen Quellen stammen. Zu diesen Quellen gehören das Fernsehen, das Internet und die sozialen Medien, wie Facebook und Twitter. Diese unerbittliche Informationsflut überschwemmt unseren Geist mit nutzlosen Fakten, die keinen anderen Zweck erfüllen, als ihn zu verstopfen und uns von der Realität unseres Lebens abzulenken.

Wenn Ihr Geist mit zu vielen Informationen überfüllt ist, verbringen Sie womöglich viel Zeit damit, über Themen nachzudenken, die für Ihr eigenes Leben vollkommen irrelevant sind. Dies kann Ihr geistiges Gleichgewicht ernsthaft stören und wichtige Aspekte Ihres Lebens beeinflussen, einschließlich Ihres Glückes und Ihrer Schlafqualität. Um die Tendenz des übermäßigen Nachdenkens zu beseitigen, ist es daher unbedingt erforderlich, die Menge an Informationen zu minimieren, denen Sie sich täglich aussetzen. Versuchen Sie beispielsweise, die Zeit zu verkürzen, die Sie mit dem Surfen im Internet und dem Überprüfen von Benachrichtigungen und Nachrichten in sozialen Medien verbringen. Versuchen Sie außerdem, kurz vor dem Schlafengehen auf die Nutzung Ihres Mobiltelefons zu verzichten. Dies wird Ihnen helfen, Informationen zu vermeiden, die Ihren Schlaf beeinträchtigen können.

Treten Sie wieder mit der unmittelbaren Welt in Kontakt

Wenn Sie die meiste Zeit damit verbringen, zu viel nachzudenken und sich Sorgen zu machen, verpassen Sie womöglich die lebendige und aufregende Welt, in der Sie leben. Die ständige Besessenheit in Bezug auf winzige Details raubt Ihnen die Möglichkeit, sich tatsächlich mit Ihrer Umgebung und den Menschen darin auseinanderzusetzen. Übermäßiges Nachdenken kann dazu führen, dass Sie so sehr in Ihrem eigenen Kopf leben, dass Sie die reale Welt aus den Augen verlieren. Wenn Sie sich ständig um kleine Dinge sorgen, verlieren Sie den Überblick über die wirklich wichtigen Dinge in Ihrem Leben.

Entwickeln Sie ein Bewusstsein für Ihre Gewohnheit des übermäßigen Nachdenkens, um zu verhindern, dass Sie zu sehr in Ihrem eigenen Kopf leben und unternehmen Sie aktive Schritte, um sich wieder mit der unmittelbaren Welt zu verbinden.

Wenn Sie Ihren Fokus von obsessiven negativen Gedanken ablenken und Ihre Energie auf die Umgebung um Sie herum umlenken, können Sie besser mit der Welt in Kontakt treten. Dies wird Ihnen dabei helfen, das Leben wieder zu genießen.

Hier sind einige der Strategien, die Ihnen dabei helfen können, nicht zu sehr in Ihrem eigenen Kopf zu leben, sondern wieder in die wirkliche Welt zurückzufinden.

Haben Sie realistische Erwartungen

Manchmal sind wir von negativen Gedanken und übermäßigem Nachdenken geplagt, einfach weil wir uns Erwartungen gestellt haben, die unsere eigenen Fähigkeiten weit übersteigen. Wenn wir zu hohe Standards für uns selbst setzen, werden wir wahrscheinlich enttäuscht sein, wenn wir diese nicht erreichen. Übermäßiges Nachdenken kann zu Schuldgefühlen, Wut, Angstzuständen, Depressionen und Selbstbeschuldigung führen. In einigen Fällen streben wir möglicherweise sogar danach, in sehr kurzer Zeit zu viel zu tun. Es ist Selbstsabotage, sich nicht genug Zeit zu geben, um ein Ziel zu erreichen. Um diese Probleme zu vermeiden, müssen Sie sich realistische Ziele setzen und sich selbst genügend Zeit geben, um diese zu erreichen.

Wenn Sie dazu neigen, unrealistische Erwartungen zu setzen, ist es wichtig, Ihre Ziele neu zu bewerten und zu beurteilen, ob diese Ihren Talenten und Fähigkeiten entsprechen. Sie sollten sich daher ausreichend Zeit nehmen, um Ihre Ziele zu planen und einen realistischen Aktionsplan zu erstellen. So können Sie Ihre Tendenz zum übermäßigen Nachdenken beseitigen und ein starkes Bewusstsein für sich selbst und die Welt um Sie herum entwickeln.

Wechseln Sie die Perspektive

Es gibt einige Fälle, in denen wir mit übermäßigem Nachdenken zu kämpfen haben, nur weil wir eine negative Einstellung in Bezug auf eine Situation haben. Wenn die Dinge nicht so laufen, wie wir es erwarten, kann es passieren, dass wir negative Urteile über uns selbst fällen. Um dieses Problem zu lösen, müssen Sie lernen, wie Sie Ihre Einstellung in Bezug auf eine Situation anpassen. Wenn Ihnen ein negativer Gedanke in Bezug auf eine Situation in den Sinn kommt, versuchen Sie, zu analysieren, ob Sie etwas aus der Situation gewinnen können. In solchen Fällen kann Ihre Verhaltensweise einen großen Unterschied machen, wenn Sie einfach Ihre Einstellung zur Situation ändern. Es ist wichtig, negative Gedanken loszulassen, die Ihnen nichts nützen, und sie durch produktive Gedanken zu ersetzen, die Ihnen zum Erfolg verhelfen. Je mehr Sie üben, negative Gedanken durch positive zu ersetzen, desto eher werden Sie sich diese Art des Denkens zur Gewohnheit machen. So können Sie selbst die schwierigsten Situationen mit einem gesunden Optimismus angehen. Dies kann Ihnen sogar neue Einblicke in die Lösung des Problems verschaffen. Selbst dann, wenn die Situation außerhalb Ihrer Kontrolle liegt, können Sie dennoch einige hilfreiche Lektionen erlernen, die Ihnen künftig in einer ähnlichen Situation nützlich sein können.

Finden Sie eine gute Ablenkung

Wenn Sie sich von negativen Gedanken überwältigt fühlen, ist es manchmal hilfreich, eine gute Ablenkung zu finden, um Spannungen und Stress abzubauen. Es gibt Zeiten, in denen Sie in einem schwierigen Moment des übermäßigen Grübelns nur etwas finden müssen, das Ihrem Geist dabei hilft, sich zu beruhigen. Wenn Sie sich von negativen Gedanken überwältigt fühlen, können Sie diese Energie in eine kreative Ablenkung verwandeln. Sind Sie beispielsweise künstlerisch begabt, könnten Sie zeichnen, malen, basteln oder Musik machen. Dies wird Ihnen dabei helfen, Ihre Energie auf produktive Weise zu kanalisieren und Ihren Geist von den negativen Gedankenschleifen abzulenken, in denen Sie sich möglicherweise befinden.

Auch wenn Sie nicht sehr kreativ sind, gibt es dennoch viele Dinge, die Sie tun können, um Ihren Geist zu entspannen. Sie könnten z. B. ein Buch lesen oder sich ein lustiges Fernsehprogramm ansehen, um Ihre Stimmungslage zu verbessern.

Manchmal kann Ihnen eine gute Ablenkung auch dabei helfen, Ängste zu lindern, die aus negativen Gedanken resultieren.

Erkennen Sie an, dass einige Dinge außerhalb Ihrer Kontrolle liegen

Egal wie viel Kontrolle Sie über Ihr Leben haben, es gibt viele Dinge, die außerhalb Ihrer Kontrolle liegen. Sie können z. B. nicht wissen, ob Sie morgen einen schlechten Arbeitstag haben werden. Sie können jedoch steuern, wie Sie auf die Situationen reagieren, mit denen Sie konfrontiert sind. Wenn Sie akzeptieren, dass nicht alles in Ihrem Leben kontrollierbar ist, können Sie sich auf jene Dinge konzentrieren, die für Sie änderbar sind. Dies ist eine Form des Denkens, die Ihnen dabei helfen kann, negative Gedanken und die damit verbundene Angst zu überwinden.

Akzeptieren Sie Ihre Einschränkungen

Wir Menschen neigen dazu, die totale Kontrolle über unser Leben und unsere Umwelt ausüben zu wollen. Dieser Wunsch entsteht aus einem evolutionären Überlebensbedürfnis. Die Umstände auf der Welt liegen jedoch nicht immer unter unserer Kontrolle. Obwohl wir bis zu einem gewissen Grad individuelle Kontrolle über unser Leben haben, so ist es dennoch einfach nicht möglich, dass wir wissen, was als nächstes in dieser unvorhersehbaren Welt passieren wird, in der wir leben. In einer Minute sind Sie möglicherweise gesund und lebenslustig und in der nächsten Minute wird bei Ihnen eine chronische Krankheit diagnostiziert oder Sie haben einen hochbezahlten Job und verlieren plötzlich Ihre Arbeitsstelle. Unsere Unfähigkeit, vorherzusagen, was in der Welt und in unserem Leben passiert, mag sehr düster erscheinen. Dies ist jedoch ein natürlicher Teil unserer Realität und eine Tatsache, die berücksichtigt werden sollte. Indem Sie Ihre Grenzen und Ihre mangelnde Fähigkeit, alles kontrollieren zu können, anerkennen, gelingt es Ihnen, den Druck auf sich selbst zu verringern und einen Zustand des inneren Friedens und der Akzeptanz zu erreichen. So können Sie besser mit negativen Situationen umgehen und verhindern, dass diese Ihre geistige Gesundheit beeinträchtigen.

Sie sollten immer daran denken, dass übermäßiges Nachdenken keine Angewohnheit ist, die zu produktiven Ergebnissen führt. Tatsächlich führt übermäßiges Nachdenken nur dazu, dass Sie noch tiefer in ein Loch der Angst und Verzweiflung fallen. Indem Sie Ihre Grenzen akzeptieren und sich auf das konzentrieren, was realistisch und erreichbar ist, können Sie Negativität leichter überwinden und all die wunderbaren Dinge in Ihrem Leben schätzen.

Ersetzen Sie die negativen Gedanken

Das Erkennen und Loslassen negativer Gedanken kann Ihnen dabei helfen, Möglichkeiten für positive Gedanken zu generieren. Nehmen wir an, dass Sie entlassen wurden und sich Sorgen darüber machen, Ihre Familie ernähren zu können. Versuchen Sie, in der ganzen Sache etwas Positives zu sehen, das Sie aus dieser Situation ableiten können, anstatt sich mit negativen Gedanken, wie z. B. „Wie werde ich ohne Arbeit überleben?" zu plagen. Denken Sie stattdessen z. B. „Wie kann ich meine Freizeit nutzen?" Wenn Sie Ihre negativen Gedanken durch positive ersetzen, werden Sie möglicherweise feststellen, dass die Situation nicht so düster ist, wie es scheint. Dies kann Ihnen dabei helfen, Ihre Tendenz in Bezug auf übermäßiges Nachdenken zu überwinden und Raum für positive, produktive Gedanken zu schaffen.

Fragen Sie sich selbst

Übermäßiges Nachdenken entsteht oft aus irrationaler Angst oder aus Besorgnis über bestimmte Situationen. Dieses wiederkehrende geistige Geschwätz wird normalerweise nicht durch aussagekräftige Beweise gestützt, die auf der Realität beruhen. Wenn Sie von negativen Gedanken besessen sind, kann es hilfreich sein, sich selbst zu fragen, warum Sie diese negativen Gedanken haben. Mithilfe eines logischen Gespräches mit sich selbst können Sie feststellen, ob diese Gedanken Beachtung verdienen. Höchstwahrscheinlich werden Sie feststellen, dass der Großteil Ihrer Sorgen nicht sehr rational ist. Dies kann Ihnen dabei helfen, Ihren Geist zu beruhigen und nicht mehr so viel nachzudenken.

Entwickeln Sie eine psychologische Distanz

Eine der effektivsten Möglichkeiten, um mit negativen Gedanken und übermäßigem Nachdenken umzugehen, besteht darin, eine psychologische Distanz zwischen ihnen und sich selbst zu entwickeln. Wie ich bereits im vorherigen Kapitel erwähnt habe, spiegeln Ihre Gedanken normalerweise nicht die Realität wider. Zudem sind nicht unbedingt Sie es, der diese Gedanken entwickelt. Wir Menschen neigen dazu, Gedanken als Dinge zu betrachten, die bewusst erzeugt werden, und nicht als Bilder und Wörter, die autonom auftreten. Dies führt dazu, dass wir uns zu sehr mit unseren Gedanken identifizieren.

Das Problem, zu sehr an unseren negativen Gedanken festzuhalten, besteht jedoch darin, dass wir dadurch unser Gefühl der Kontrolle verlieren, wenn wir von ihnen überflutet werden. Um zu verhindern, dass es zu Mustern der Negativität und des übermäßigen Nachdenkens kommt, müssen Sie lernen, sich von Ihren Gedanken zu lösen. Fangen Sie an, Ihre Sprache so zu verwenden, dass Gedanken als Konzepte behandelt werden, die unabhängig von Ihnen auftreten. Anstatt z. B. zu denken „Ich bin ein totaler Versager", können Sie Ihren negativen Gedanken ansprechen, indem Sie sagen: „Ich bemerke, dass ich jetzt diesen Gedanken habe, der besagt, dass ich ein Versager bin." Wenn Sie diese Art von Denkweise entwickeln, können Sie eine psychologische Distanz zwischen sich und Ihren negativen Gedanken herstellen, damit diese weder Ihre Stimmung noch Ihren Seelenfrieden beeinträchtigen.

Praktizieren Sie Mitgefühl gegenüber sich selbst

Mitgefühl gegenüber sich selbst ist ein sehr effektiver Weg, um mit schwierigen Situationen umzugehen, einschließlich mit übermäßigem Nachdenken. Es ermöglicht Ihnen, ein tieferes Selbstverständnis zu entwickeln, stärker mit anderen Menschen in Verbindung zu treten und Ihre Lebenszufriedenheit zu steigern.

Wenn Sie sich selbst mit mehr Mitgefühl und Verständnis behandeln, werden Sie erkennen, dass Ihr Glück vollständig von Ihnen selbst abhängt. Auf diese Weise können Sie selbst die schwierigsten Gedanken mit Zuversicht und Optimismus steuern. Dies wird Ihnen dabei helfen, das Problem des negativen Denkens endgültig zu beseitigen.

Übermäßiges Nachdenken ist zwar ein sehr schwieriges Problem, sollte aber kein Grund zur Verzweiflung sein. Mit den richtigen Strategien können Sie sich selbst dazu befähigen, mit negativen Gedanken umzugehen und positiv zu denken.

Zusammenfassung

In diesem Kapitel haben wir gelernt, wie man damit aufhört, übermäßig viel nachzudenken. Nachfolgend werden Ihnen die wichtigsten Dinge genannt, die Sie beachten müssen, wenn Sie versuchen, obsessive negative Gedanken zu überwinden, die Ihnen in keiner Weise dabei helfen, voranzukommen.

- Praktizieren Sie Selbstbeobachtung, um ein Bewusstsein für Ihre Gedanken zu entwickeln. Dies wird Ihnen helfen, geistige Klarheit über Ihre Gedanken zu gewinnen.
- Erkennen und verstehen Sie die emotionalen Auslöser, die zum übermäßigen Nachdenken führen.
- Erinnern Sie sich ständig an Ihre Ziele und Bestrebungen.
- Erkennen und schätzen Sie, dass übermäßiges Nachdenken ein Problem ist, das erfolgreich bekämpft und überwunden werden kann.
- Treten Sie wieder in Kontakt mit anderen Menschen und der Welt um Sie herum, um wieder in der realen Welt präsent zu sein.
- Lernen Sie, wie Sie Ihre negativen Gedanken durch positive ersetzen können.
- Entwickeln Sie eine psychologische Distanz zwischen sich und Ihren Gedanken, um zu vermeiden, dass Sie sich zu sehr mit Ihren negativen Gedanken identifizieren.
- Lernen Sie, mitfühlender und freundlicher zu sich selbst zu sein und Ihre Grenzen zu akzeptieren.
- Entwickeln Sie eine gelassene Lebenseinstellung, um angesichts von Herausforderungen widerstandsfähiger zu werden.

Wenn Sie mit übermäßigem Nachdenken zu kämpfen haben, versichere ich Ihnen, dass mit Ihnen alles in Ordnung ist. Über negative Gedanken nachzudenken ist eine Sache, die jeder Mensch in seinem Leben erlebt (Oppong, 2020). Indem Sie jedoch die Strategien anwenden, die wir in diesem Kapitel besprochen haben, können Sie die Fähigkeit entwickeln, Ihr übermäßiges Nachdenken endgültig abzulegen und eine positivere Einstellung zu bekommen.

Im nächsten Kapitel lernen Sie verschiedene Techniken und Praktiken kennen, die Sie anwenden können, um sich vor ständigen Sorgen zu schützen, was ein Nebeneffekt des übermäßigen Nachdenkens ist.

KAPITEL 6:

Sorgen überwinden

Sorgen sind zweifellos ein ganz normaler Teil des Lebens. Es gibt viele Dinge, die Sie beunruhigen können. Beispielsweise haben Sie vielleicht Bedenken, aufgrund eines Verkehrsstaus zu spät zur Arbeit zu kommen oder Sie befürchten, dass Sie die Frist für Ihr Arbeitsprojekt nicht einhalten können. Diese Art von Sorgen ist sehr natürlich und so ziemlich jeder Mensch kennt sie. Wenn Ihre Sorgen jedoch zu groß und unerbittlich werden, kann dies Anlass zur Besorgnis sein.

Zu viele Sorgen verbrauchen nicht nur Ihre emotionale und mentale Energie, sondern können sich auch nachteilig auf Ihre körperliche Gesundheit auswirken (Robinson, 2020). Menschen, die sich ständig Sorgen machen, leiden unter zahlreichen Problemen, wie z.B. unter Angstzuständen, Depressionen, Kopfschmerzen, Muskelverspannungen und Konzentrationsschwächen. Wenn die Sorgen überhandnehmen, kann Sie dies sogar schwächen und es Ihnen erschweren, Ihre Aufgaben und Verantwortlichkeiten zu erfüllen. Dies kann Ihnen den Seelenfrieden nehmen und Sie noch tiefer in die Verzweiflung ziehen.

Unaufhörliche Sorgen sind ein chronisches Problem, dem man nur schwer begegnen kann. Womöglich sind Sie ständig von Ihren negativen Gedanken besessen und haben keine Zeit mehr, Ihr Leben zu genießen.

Insbesondere Menschen, die sich zu viele Sorgen machen, neigen dazu, dies sowohl positiv als auch negativ zu betrachten, was das Problem weiter verschärft. Beispielsweise glauben einige Leute, dass sie wegen ihrer ständigen Sorgen irgendwann einmal den Verstand verlieren. Wenn man an solch negativen Überzeugungen in Bezug auf seine Sorgen festhält, kann dies das Problem verschärfen und es erschweren, dauerhafte Lösungen zu finden.

Positive Überzeugungen in Bezug auf Sorgen können ebenso schädlich und problematisch sein wie negative. In einigen Fällen glauben manche Menschen, dass sie durch ihre ständigen Sorgen Probleme vermeiden und Konflikten aus dem Weg gehen können. Einige geraten sogar in die Falle und denken, dass sie Lösungen für Probleme finden, mit denen sie konfrontiert sind, wenn sie sich zu viele Sorgen machen. Dies ist jedoch sehr weit von der Wahrheit entfernt. Zu viele Sorgen verbrauchen nicht nur Ihre Energie und Kreativität, sondern lenken Sie auch davon ab, Lösungen für die schwierigen Situationen des Lebens zu finden. Die Stresshormone, die freigesetzt werden, wenn Sie sich zu viele Sorgen machen, können Ihre Gesundheit erheblich beeinträchtigen. Nachfolgend werden einige Probleme aufgeführt, die mit Sorgen in Verbindung stehen:

- Verstärkte Kopfschmerzen
- Depressionen durch emotionale Ermüdung
- Erhöhte Produktion von Magensäure, die zu Sodbrennen und Geschwüren führt
- Erhöhte Hyperaktivität des Gehirnes, das zu Stress führt
- Atemprobleme durch Muskelverspannungen
- Geschwächtes Immunsystem
- Anstieg des Blutzuckers, der zu Typ-2-Diabetes führen kann
- Blutdruckanstieg, der zu Herzproblemen führen kann
- Übermäßige Belastung des Verdauungssystems, die zu Magen-Darm-Erkrankungen führen kann
- Geringer Sexualtrieb aufgrund von Müdigkeit und Vertrauensverlust
- Unregelmäßige Menstruationszyklen aufgrund hormoneller Ungleichgewichte durch Stresshormone

Jeder Mensch macht sich Sorgen. Wenn dies jedoch zu einer ständigen Gewohnheit wird, dann können Sie für alle oben genannten

Probleme anfällig werden. Um diese Thematik angehen zu können, ist es wichtig, dass Sie zunächst einmal feststellen, ob Sie sich nur um die normalen Probleme des Lebens sorgen oder sich übermäßig viele Sorgen machen. Im Folgenden beschreibe ich einige Symptome, die Ihnen dabei helfen werden, zwischen normalen und übermäßigen Sorgen zu unterscheiden.

Normale Sorgen

- Sie brauchen einige Minuten, bevor Sie einschlafen, um über Ihre bevorstehenden Herausforderungen und Aufgaben nachzudenken, die Sie erledigen sollen.
- Menschen beschreiben Sie selten als nervöse oder ängstliche Person.
- Sie bemerken oft einen Appetitverlust, wenn Ihnen ein stressiges Ereignis bevorsteht.
- Manchmal müssen Sie etwas trinken, um Ihren Geist und Körper in einer stressigen Situation zu entspannen.
- Sie sorgen sich oft für kurze Zeit um Dinge und lassen diese Sorgen dann hinter sich, nachdem Sie sie rationalisiert haben.

Übermäßige Sorgen

- Es fällt Ihnen schwer, einzuschlafen oder einen erholsamen Schlaf zu finden, weil Sie von besorgniserregenden Gedanken überwältigt sind, für die Sie keine unmittelbare Lösung haben.
- Die Leute beschreiben Sie oft als sehr ängstlich und betrachten es als einen wichtigen Teil Ihrer Persönlichkeit, dass Sie besorgt sind.
- In schwierigen Situationen treten häufig erhebliche Gewichtsveränderungen aufgrund von Essattacken und Phasen, in denen Sie gar nichts essen, auf.

- Sie neigen dazu, jede Situation, mit der Sie konfrontiert sind, zu analysieren, und zwar unabhängig davon, wie trivial oder ernst sie ist.
- Sie können Ihr Leben nicht genießen, weil Sie ständig über alles nachdenken, was passiert.
- Es fällt Ihnen schwer, Ihren Tag ohne Drogen und Alkohol zu überstehen, um Ihren Sorgen zu entfliehen.
- Sie scheinen immer nach etwas zu suchen, um das Sie sich Sorgen machen müssen. Mit anderen Worten: Sorgen sind für Sie wie eine Sucht, die man scheinbar nicht loswerden kann.

Es kann zwar eine herausfordernde Aufgabe sein, sich seiner ständigen Sorgen zu entledigen, dennoch ist es sehr gut möglich. Es gibt einige sehr effektive Techniken und Strategien, die Sie anwenden können, um aus diesem besorgniserregenden Teufelskreis auszubrechen.

Etablieren Sie täglich eine Phase, in der Sie sich Sorgen machen dürfen

So kontraintuitiv es auch scheinen mag, so ist die Planung einer Zeit, in der Sie sich Sorgen machen dürfen, tatsächlich eine der effektivsten Möglichkeiten, um mit Ihren Sorgen umzugehen. Anstatt Ihre obsessiven negativen Gedanken zu vermeiden, müssen Sie bei dieser Strategie etwas Zeit einplanen, um darüber nachzudenken. Diese Strategie kann in vielerlei Hinsicht sehr nützlich sein. Indem Sie etwas Zeit einplanen, um über Ihre negativen Gedanken nachzudenken, können Sie zunächst einmal einen Zustand der Akzeptanz erreichen, der Ihnen Linderung verschafft und Ihnen dabei hilft, Ihre Situation in einem ruhigeren und entspannteren Geisteszustand anzugehen. Darüber hinaus lernen Sie durch die tägliche Sorgenphase, Ihre Sorgen aufzugliedern, um Ihren Geist für die restlichen Aufgaben und Verantwortlichkeiten Ihres Tages zu entlasten. Anstatt nützliche Zeit damit zu verschwenden, den ganzen Tag über Ihre Sorgen nachzudenken, können Sie sich mit dieser Strategie zu einem günstigen Zeitpunkt mit Ihren Sorgen befassen und so sicherstellen, dass Sie in der Lage sind, andere wichtige Aktivitäten auszuführen. Bei konsequenter Anwendung kann diese Technik der Bestimmung einer Sorgenphase Ihre Neigung, sich ständig zu sorgen, erheblich verringern und auch Ihre Angstzustände lindern.

Nachfolgend sind einige der Schritte genannt, die Sie ausführen müssen, um diese Strategie effektiv umzusetzen:

1. Machen Sie sich eine Woche lang täglich Sorgen. Idealerweise sollten Ihre Sorgenzeiten morgens oder tagsüber stattfinden. Richten Sie Ihre Sorgenzeit nicht abends direkt vor dem Schlafengehen ein, da dies Ihre Schlafqualität beeinträchtigen kann.

2. Schreiben Sie während Ihrer zugewiesenen Sorgenzeit alle Dinge auf, über die Sie sich sorgen. Versuchen Sie in dieser Zeit nicht, Lösungen für all Ihre Sorgen zu finden. Das Aufschreiben Ihrer Sorgen kann bereits eine große Hilfe sein und Ihnen eine neue Perspektive dafür geben, wie Sie mit den Situationen umgehen können, über die Sie sich Gedanken machen.

3. Trainieren Sie sich, sodass Sie sich zwischen den festgelegten Sorgenzeiten keine Gedanken mehr machen. Wenn Sie außerhalb Ihrer zugewiesenen Sorgenzeit an Ihre Sorgen denken, dann erinnern Sie sich ruhig daran, diese Gedanken bis zu Ihrer nächsten Sorgenzeit zurückzustellen. Dies kann zunächst etwas schwierig sein, doch mit ständiger Übung wird es Ihnen schon bald leichtfallen, Ihre Sorgen „auszuschalten", bis Ihre festgelegte Sorgenperiode wieder eintritt.

4. Nehmen Sie sich am Ende Ihrer Sorgenwoche etwas Zeit, um die Notizen zu lesen, die Sie sich während Ihrer täglichen Sorgenphasen aufgeschrieben haben. Auf diese Weise erhalten Sie zahlreiche Einblicke in die Gewohnheit Ihrer

Gedanken. Sie werden z. B. feststellen, ob Sie wiederkehrende oder einfach irrationale Sorgen haben.

5. Sobald Sie Ihre Sorgenwoche abgeschlossen haben, können Sie eine neue festlegen, um die Dynamik Ihrer besorgniserregenden Gedanken zu bestimmen. Mit regelmäßiger Übung und Beständigkeit werden Sie beginnen, die Kontrolle über Ihre Sorgen zu übernehmen und verhindern, dass diese Ihren Alltag und Ihren Seelenfrieden beeinträchtigen.

Fordern Sie Ihre Angstgedanken heraus

Häufig machen wir uns übermäßig viele Gedanken, weil wir die Welt um uns herum auf eine Weise beobachten, die sie übermäßig grausam und beängstigend erscheinen lässt. Beispielsweise tendieren wir in jeder Situation zum Worst-Case-Szenario oder glauben, dass unsere Ängste die Realität widerspiegeln. Diese Arten von Denkweisen werden typischerweise als *kognitive Verzerrungen* bezeichnet, da sie dazu führen, dass wir die Realität auf ungenaue Art und Weise wahrnehmen (Grohol, 2019). Um das Problem der ständigen Sorgen zu überwinden, ist es wichtig, sich der verschiedenen Arten von kognitiven Verzerrungen bewusst zu werden, die eine nicht adäquate Wahrnehmung der Realität erzeugen. Nachfolgend lernen Sie 15 der häufigsten kognitiven Verzerrungen kennen, die Menschen erleben:

1. Mentale Filterung

Die mentale Filterung bezieht sich auf eine Art kognitiver Verzerrung, bei der eine Person alle positiven Aspekte einer bestimmten Situation herausfiltert und sich nur auf die negativen Aspekte konzentriert, auf die sie dann ihre ganze Aufmerksamkeit richtet. Solche Menschen identifizieren z. B. eine unangenehme Situation und konzentrieren sich so lange darauf, bis diese ihr Denken vollständig dominiert.

2. Polarisiertes Denken

Dies ist eine Form des Denkens, die nur zwei entgegengesetzte Extreme eines bestimmten Konzeptes, einer Person oder einer Sache berücksichtigt, ohne eventuelle Nuancen zu sehen. Dies wird auch als „Schwarz-Weiß"-Denken bezeichnet. Das polarisierte Denken berücksichtigt häufig nicht die Komplexität und Grauzonen, die jedes Individuum oder jede Situation charakterisieren.

3. Übergeneralisierung

Dies ist eine kognitive Verzerrung, bei der ein Individuum eine Schlussfolgerung aus einer Situation zieht, die auf sehr wenigen Aspekten beruht. Dieses Denkmuster berücksichtigt ebenfalls nicht die Nuancen, die in verschiedenen Situationen auftreten können. Eine Person, die übergeneralisiert, erwartet also, dass sich eine negative Situation wiederholt, einfach nur, weil sie schon einmal passiert ist.

4. Voreilige Schlüsse ziehen

Eine Person, die voreilige Schlüsse zieht, geht davon aus, dass sie immer weiß, was eine andere Person denkt oder fühlt, auch ohne dass die andere Partei dies direkt ausdrückt. Eine solche Person kann z. B. schnell zu dem Schluss kommen, dass jemand gegen sie ist, ohne sich die Mühe zu machen, zu überprüfen, ob das tatsächlich wahr ist oder nicht.

5. Schwarzmalerei

Die Schwarzmalerei (auch als „Aufbauschen" bezeichnet) ist eine kognitive Verzerrung, bei der eine Person in jeder Situation das Worst-Case-Szenario erwartet. Menschen, die schwarzmalen, erhöhen die Bedeutung unbedeutender Ereignisse extrem stark. Solche Menschen glauben z. B., dass sie in ihrer akademischen Laufbahn niemals erfolgreich sein werden, nur weil sie einen Test oder eine Prüfung nicht bestanden haben.

6. Personalisierung

Hierbei handelt es sich um eine Art kognitiver Verzerrung, bei der ein Individuum glaubt, dass alles, was andere Menschen sagen oder tun, eine persönliche Reaktion auf sie ist. Menschen, die alles personalisieren, fühlen sich angegriffen, wenn jemand etwas sagt, mit dem sie nicht einverstanden sind. Sie neigen auch dazu, Vergleiche zwischen sich und anderen anzustellen, um festzustellen, ob sie gut genug oder besser als andere Menschen sind. Die Personalisierung ist ein wichtiger Auslöser in Bezug auf persönliche Unsicherheit, Angst und ein geringes Selbstwertgefühl.

7. Kontroll-Irrtümer

Kontroll-Irrtümer beinhalten zwei verschiedene, jedoch eng miteinander verwandte, kognitive Verzerrungen. Eine Form der Kontroll-Irrtümer beinhaltet den Glauben, dass die eigenen Handlungen von externen Kräften kontrolliert werden. Beispielsweise kann eine Person mit dieser Art der kognitiven Verzerrung davon überzeugt sein, dass der Grund, warum sie in der Schule keine guten Leistungen erbringen kann, in der Scheidung ihrer Eltern liegt. Auf der anderen Seite dieser kognitiven Verzerrung steht der interne Kontroll-Irrtum, bei dem eine Person die Verantwortung für externe Ereignisse übernimmt, mit denen sie möglicherweise überhaupt nichts zu tun hat. Eine solche Person kann z. B. davon überzeugt sein, dass sie der Grund dafür ist, warum jemand verletzt oder wütend ist, auch wenn dies überhaupt nicht der Fall ist. Beide Kontroll-Irrtümer können sich sehr nachteilig auf das geistige Wohlbefinden auswirken, da sie zu übermäßigem Nachdenken, Selbstverachtung und Selbstbeschuldigung führen.

8. Irrtum der Fairness

Dies ist eine kognitive Verzerrung, bei der eine Person zu wissen glaubt, was in jeder Situation fair ist. Wenn also etwas passiert, das den Erwartungen dieser Person widerspricht, dann wird sie dies wahrscheinlich als unfair gegenüber sich selbst oder anderen beurteilen. Menschen mit dieser Art des Denkens sind anfällig für

Verbitterung, Wut und Hilflosigkeit. Es ist wichtig zu erkennen, dass das Leben nicht immer fair ist und die Dinge möglicherweise nicht unbedingt immer so funktionieren, wie sie sollten.

9. Schuldzuweisungen

Eine Person, die Schuldzuweisungen macht, hat die Tendenz, andere Menschen für ihr Leiden verantwortlich zu machen. In einigen Fällen machen solche Menschen sich selbst für den emotionalen Schmerz anderer verantwortlich, selbst wenn sie absolut nichts damit zu tun haben. Dies verschärft das Problem des negativen Denkens und führt dazu, dass sich solche Menschen ständig Sorgen machen. Ein Mensch, der diese Denkweise hat, sollte erkennen, dass niemand, außer uns selbst, die Macht über unsere Gedanken und Gefühle hat.

10. „Sollte"-Aussagen

So unschuldig sie auch erscheinen mögen, sind „Sollte"-Aussagen tatsächlich eine Art der kognitiven Verzerrung, die zu Sorgen und Ängsten beitragen können. Dies liegt daran, dass sie einen Eindruck von eisernen Regeln vermitteln, die Sie einhalten müssen. Aussagen wie „Ich sollte trainieren, um den perfekten Körper zu bekommen" oder „Ich sollte glücklich sein" üben einen unangemessenen Druck auf Sie aus, auf eine bestimmte Art und Weise zu handeln, um gewissen Erwartungen zu entsprechen, die möglicherweise nicht realistisch sind. Wenn diese Aussagen nach innen gerichtet sind, führen sie oft dazu, dass man sich schuldig oder beschämt fühlt, wenn man diese Erwartungen nicht erfüllen kann. Auf der anderen Seite können solche Aussagen, wenn sie auf andere Menschen gerichtet sind, dazu führen, dass wir ärgerlich oder wütend auf diese Personen werden, weil sie den außerordentlich hohen Standards, die wir für sie festgelegt haben, nicht gerecht werden.

11. Emotionales Denken

Hierbei handelt es sich um eine kognitive Verzerrung, bei der eine Person ihre Emotionen als Beweis für eine äußere Realität oder Situation verwendet. Personen mit emotionalem Denken neigen dazu, Schlussfolgerungen zu ziehen, dass alles, was sie fühlen, im Wesentlichen wahr ist. Normalerweise tritt dies auf, wenn die Emotionen das Denken dieser Personen völlig außer Kraft setzen. Es ist wichtig, zu erkennen, dass Emotionen zwar sehr starke Kräfte sind, jedoch möglicherweise die Realität einer bestimmten Situation nicht korrekt widerspiegeln.

12. Irrtum des Wandels

Dies ist eine kognitive Verzerrung, die sich aus der Forderung an andere ergibt, sich zu ändern, um sich den eigenen Erwartungen besser anzupassen. Diese Art der kognitiven Verzerrung kommt sehr oft in Beziehungen vor. Eine Person kann fälschlicherweise glauben, dass sie, wenn sie ihren Partner ausreichend unter Druck setzt oder überredet, diesen möglicherweise ändern kann, damit er sich in eine idealisierte oder perfekte Version seiner selbst verwandelt.

13. Globale Etikettierung

Die globale Etikettierung kann als extreme Art der Verallgemeinerung angesehen werden. In der Regel neigen betroffene Personen dazu, sich selbst oder anderen ein negatives universelles Etikett zuzuweisen, nachdem sie auf eine bestimmte Weise gehandelt haben. Wenn sich jemand beispielsweise einmal geirrt hat, dann geht eine Person, die globale Etikettierung vornimmt, davon aus, dass diese Person schon immer ein Idiot war.

14. Immer recht haben

Es gibt einige Leute, die den Eindruck haben, dass sie immer recht haben, unabhängig von der Situation. Solche Menschen neigen dazu, übermäßig stark urteilend zu sein. Zudem stellen sie die Meinungen und Handlungen anderer Menschen ständig auf die Probe, um zu beweisen, dass ihre eigenen Meinungen und Handlungen absolut richtig sind.

15. Irrtum der Belohnung

Dies ist eine Art kognitiver Verzerrung, die dem Irrtum der Fairness sehr ähnlich ist. Eine Person mit dieser Art von Verzerrung glaubt fälschlicherweise, dass sich ihre Aufopferung und Selbstverleugnung letztlich mit einer großen Belohnung auszahlen werden. Das Problem mit diesem Irrtum ist, dass er zu Ärger und Verbitterung führen kann, wenn die Opfer, die man erbringt, nicht wie erhofft belohnt werden.

Wie Sie sehen können, gibt es viele kognitive Verzerrungen, die unser Denken trüben und dazu beitragen können, dass wir uns übermäßig viele Sorgen machen und übermäßig viel nachdenken. Um solche Denkweisen zu überwinden, ist es wichtig, Ihr Denken einer genauen Prüfung zu unterziehen, um festzustellen, ob es auf fundierte Beweise oder einfach auf tiefsitzende kognitive Verzerrungen beruht (Grohol, 2019).

Das Wissen, welche Sorgen lösbar sind und welche nicht

Sorgen sind normalerweise mit Angstgefühlen und Unruhe verbunden. Es gibt jedoch einige Fälle, in denen Sorgen Ihre Angst tatsächlich verringern können. Dies liegt einfach daran, dass Sie beim Grübeln das Gefühl haben, tatsächlich daran zu arbeiten, Lösungen für Ihre Situation zu finden. Es gibt jedoch einen großen Unterschied zwischen Sorgen und Problemlösungen. Sorgen bieten im Wesentlichen keine Lösungen, da sie sich Situationen aus einer Perspektive der Angst und Furcht nähern. Die Problemlösung berücksichtigt hingegen Fakten und Beweise, wenn es um eine problematische Situation geht. Wenn Sie sich zu viele Sorgen machen und dieses Problem überwinden möchten, dann müssen Sie zwischen lösbaren und nicht lösbaren Sorgen unterscheiden.

Eine lösbare Sorge ist eine, für die es ein Mittel oder eine Vorgehensweise gibt, die ergriffen werden kann. Wenn Sie beispielsweise befürchten, aufgrund des Verkehrs nicht zu einem wichtigen Büro-Meeting zu gelangen, dann können Sie Ihren Vorgesetzten oder Manager anrufen, um ihn vorab darüber zu informieren. Eine unlösbare Sorge ist dagegen eine, bei der es keine unmittelbare Vorgehensweise gibt, z. B.: Sie machen sich Sorgen, in Zukunft krank zu werden.

Sobald Sie lösbare Probleme identifiziert haben, müssen Sie mit dem Brainstorming der möglichen Lösungen für das Problem beginnen, mit dem Sie konfrontiert sind. Versuchen Sie dabei, sich auf die Dinge zu konzentrieren, die Sie steuern können und erstellen Sie einen umfassenden Aktionsplan für deren Ausführung. Wenn Sie feststellen, dass Ihre Sorgen nicht lösbar sind, versuchen Sie, die Unsicherheit in Bezug auf die Zukunft zu akzeptieren und konzentrieren Sie Ihre Energie darauf, in der Gegenwart zu leben. Ständige Sorgen um die Zukunft können Sie davon ablenken, die Geschenke und Privilegien, die Sie derzeit haben, zu genießen und zu schätzen.

Vermeiden Sie es, in vage Ängste verwickelt zu werden

Wenn wir vage Ängste erleben, die wir nicht vollständig verstehen, neigen wir oftmals dazu, in diese Ängste verwickelt zu werden, was zu Sorgen führt. Dies geschieht, weil wir uns auf das Worst-Case-Ergebnis der Situation konzentrieren, mit der wir konfrontiert sind. Eine solche Verhaltensweise ist jedoch sehr kontraproduktiv und führt nur zu mehr Angst und einem unerbittlichen Kreislauf unlösbarer Sorgen. Um die Tendenz zu überwinden, sich über vage Ängste Sorgen zu machen, ist es wichtig, dass Sie sie untersuchen und feststellen, ob diese Sorgen begründet oder nur das Ergebnis von geistigem Geschwätz sind. Sie können sich dieser Situation annähern, indem Sie sich fragen: „Was ist das schlechteste Ergebnis, zu dem diese Situation führen kann?" Wenn Sie diese Frage nach bestem Wissen beantwortet haben, versuchen Sie, einige Möglichkeiten zu finden, wie Sie auf die Situation reagieren können, falls diese Befürchtungen eintreten. Möglicherweise stellen Sie fest, dass das Worst-Case-Szenario der jeweiligen Situation gar nicht so schlimm ist, wie Sie es sich vorgestellt haben. Wenn Sie Ihre Ängste auf diese Weise überprüfen, können Sie die Tendenz beseitigen, sich über irrationale Ängste Gedanken zu machen. Zudem können Sie Ihre unlösbaren Sorgen besser bewältigen.

Unterbrechen Sie den Zyklus Ihrer Sorgen

Wenn Sie feststellen, dass Sie sich zu viele Sorgen machen, dann kann es schnell passieren, dass Sie denken, dass Sie dazu verdammt sind, diese Sorgen nie wieder loswerden zu können. Es gibt jedoch mehrere einfache Strategien, mit denen Sie den Zyklus Ihrer quälenden Gedanken unterbrechen und Ihren Seelenfrieden wiederfinden können. Dazu gehören Bewegung und Yoga.

Sport

Wie bereits erwähnt, kann regelmäßiges Training dazu beitragen, Ihre quälenden Gedanken zu eliminieren, Stress zu bekämpfen und Ängste abzubauen. Mithilfe von Sport halten Sie Ihren Körper in einem gesunden Zustand und verbessern Ihr allgemeines Wohlbefinden. Vergessen Sie nicht, dass auch geringfügige sportliche Aktivitäten, wie ein zügiger Spaziergang oder Treppensteigen, hilfreich sind.

Yoga

Yoga kann sehr hilfreich sein, wenn es darum geht, mit seinen Sorgen umzugehen. Es gibt verschiedene Arten von Yoga, die verschiedene Aspekte unseres Lebens verbessern sollen. Zu den Vorteilen von Yoga gehören eine verbesserte Durchblutung, eine Steigerung von Energie und Vitalität, eine bessere Wahrnehmung sowie eine verbesserte Flexibilität.

Es wurde ebenfalls nachgewiesen, dass Yoga die allgemeine Gesundheit sowie das Wohlbefinden von Menschen verbessert. Yoga-Praktizierende zeigen tendenziell eine größere Zufriedenheit in ihrem Leben und sind weniger ängstlich oder depressiv als diejenigen, die kein Yoga betreiben. Dies ist nicht überraschend, wenn man bedenkt, dass alle Yogaschulen die Notwendigkeit lehren und betonen, dass die Menschen sich der Gegenwart bewusster werden und in ihr leben müssen. Indem Sie Yoga lernen und praktizieren, können Sie die täglichen Sorgen des Lebens effektiver bewältigen und verhindern, dass diese Ihre Gesundheit und Ihr Wohlbefinden beeinträchtigen.

Meditation

Meditation ist eine der wirksamsten Methoden, um mit Sorgen und Ängsten umzugehen. Diese Praxis basiert auf der Prämisse, dass uns die Sorgen in Bezug auf die Vergangenheit oder die Zukunft aus der Gegenwart herausholen und zu Angst und Unglück führen. Die Meditation soll uns dabei helfen, in der Gegenwart zu leben, indem sie uns bewusst macht, was im Moment um uns herum geschieht. Menschen, die Meditation praktizieren, genießen einen besseren Gesundheitszustand und größere Zufriedenheit als diejenigen, die dies nicht tun. Indem Sie Meditation und Achtsamkeit üben, können Sie Ihre besorgniserregenden Gedanken unterbrechen und Ihr Bewusstsein stärken - nicht nur in Bezug auf sich selbst, sondern auch in Bezug auf die Welt um Sie herum.

Zusammenfassung

In diesem Kapitel haben Sie gelernt, wie Sie den Kreislauf der Sorgen überwinden können. Wir haben darüber gesprochen, wie quälende Gedanken entstehen, was zu ihnen beiträgt und wie wir auf gesunde Weise mit ihnen umgehen können. Um die in diesem Kapitel behandelten wichtigsten Konzepte zusammenzufassen, sind hier die Techniken und Praktiken aufgeführt, die Sie beachten müssen, um Ihre Sorgen endgültig abzulegen:

- Planen Sie eine Sorgenphase ein, um Ihre quälenden Gedanken zu untersuchen und zu verhindern, dass sie Ihre Produktivität beeinträchtigen.
- Fordern Sie Ihre quälenden Gedanken heraus, um festzustellen, ob sie Gültigkeit haben oder ob es sich nur um die automatischen Denkmuster handelt, die sich aus kognitiven Verzerrungen ergeben.
- Werden Sie sich der lösbaren und der nicht lösbaren Sorgen bewusst, um Ihre Energie auf produktive Art und Weise umzulenken, die eher auf Problemlösungen, anstatt auf ständiges Grübeln ausgerichtet ist.
- Unterbrechen Sie Ihre Sorgenzyklen, indem Sie Sport treiben, Yoga praktizieren und meditieren.

Im nächsten Kapitel werden wir das Konzept des positiven Denkens untersuchen und darlegen, wie Sie es nutzen können, um mit negativen Gedanken umzugehen. Wir werden einige Möglichkeiten betrachten, um negative Denkweisen zu identifizieren und um herauszufinden, welche Vorteile Sie aus positiven Denkweisen ziehen können.

KAPITEL 7:

Denken Sie positiv, um Stress abzubauen

Die Kraft des positiven Denkens ist für viele Psychologen und Wellness-Experten ein Thema, das zu vielen Diskussionen geführt hat. Während sich einige Leute über die Vorteile des positiven Denkens lustig machen, gibt es dennoch viele Befürworter dieser Praxis, die sie als ein sehr nützliches Instrument betrachten, um den herausfordernden Situationen des Lebens zu begegnen. Wenn Sie mit negativen Gedanken und Sorgen zu kämpfen haben, kann Ihnen eine positive Denkweise helfen, diese Probleme zu überwinden und die Macht über Ihre Gedanken zurückzugewinnen. In diesem Kapitel werden wir uns also ansehen, wie Sie eine positive Einstellung entwickeln können, um Stress und Angst abzubauen.

Was ist positives Denken?

Nun ja, wenn die Menschen über das Konzept der positiven Denkweise nachdenken, so sind die Eindrücke, die manchen von ihnen in den Sinn kommen, die der glückseligen Unwissenheit angesichts schwieriger Situationen. Dies ist jedoch weit von der Wahrheit entfernt. Positives Denken bedeutet eben nicht, schwierige Situationen zu ignorieren, mit denen Sie möglicherweise konfrontiert sind. Im Gegenteil, positives Denken ist eine Denkweise, die Herausforderungen mit Optimismus und Vertrauen begegnet. Menschen, die positiv denken, tendieren dazu, sich auf die positive Seite der Dinge zu konzentrieren, selbst wenn sie auf Herausforderungen stoßen („Positive thinking: Stop negative self-talk to reduce stress", 2020a).

Positives Denken ist sehr effektiv, wenn es darum geht, Stress und Ängste zu lindern, die mit negativen Gedanken und übermäßigem

Nachdenken einhergehen. Um zu verstehen, warum es wichtig ist, eine positive Denkweise zu entwickeln, sehen wir uns kurz an, wie positives Denken funktioniert.

Positives Denken und Selbstgespräche

Das Ziel des positiven Denkens ist nicht, Probleme und herausfordernde Situationen, denen Sie im Leben begegnen, zu ignorieren. Vielmehr bezieht sich eine positive Einstellung einfach auf die Praxis, sich einer schwierigen Situation mit einer gewinnenden Haltung zu nähern. Anstatt sich also auf das Worst-Case-Szenario in einer bestimmten Situation zu konzentrieren, achten Sie auf den sprichwörtlichen „Silberstreif am Horizont".

Die Entstehung jeder positiven Denkweise ist typischerweise das „Selbstgespräch", das sich auf den Gedankenstrom bezieht, der ständig durch unseren Geist fließt. Diese Gedanken sind oft auf Logik und Vernunft zurückzuführen, obwohl sie auch von unseren Ängsten, Überzeugungen und Gewohnheiten stammen können, die wir uns im Laufe unseres Lebens angeeignet haben. Wenn Ihr Gedankenstrom größtenteils negativ ist, entwickeln Sie wahrscheinlich eine pessimistische Weltanschauung und Denkweise. Wenn Ihre automatischen Gedanken jedoch im Allgemeinen positiv sind, nehmen Sie die Welt höchstwahrscheinlich mit einem optimistischen Geisteszustand wahr. Angesichts der zahlreichen unangenehmen Situationen, in denen wir uns oft befinden, ist es nicht immer einfach, eine positive Einstellung zu entwickeln. Im Wesentlichen kann es sehr schwierig sein, sich auf die positiven Aspekte des Lebens zu konzentrieren, wenn die Dinge nicht so laufen, wie Sie es sich erhofft haben. Es gibt jedoch viele Vorteile, die Sie als Person mit einer positiven Denkweise genießen können, was die ganze Anstrengung sehr lohnenswert macht.

Vorteile des positiven Denkens

Nachfolgend sind einige Vorteile aufgeführt, die Sie genießen können, wenn Sie eine positive Einstellung entwickeln und lernen, positiv zu denken.

Weniger Stress

Positives Denken hat nachweislich sehr gute Eigenschaften in Bezug auf Stressreduzierung. Menschen, die positives Denken praktizieren, leiden weniger unter Stress und Depressionen. Dies hat damit zu tun, dass solche Menschen ihre Energie eher darauf konzentrieren, eine unangenehme Situation zu lösen als in Selbstmitleid und Hilflosigkeit zu versinken. Sie sind daher in der Lage, ihre Stressfaktoren schneller und effektiver zu beheben.

Längere Lebensdauer

Untersuchungen haben gezeigt, dass Menschen mit einer positiven Einstellung tendenziell länger leben als Menschen, die ständig negativ denken. Dies liegt daran, dass sich negative Gedanken und Emotionen nachteilig auf unsere Gesundheit auswirken. Wenn diese eliminiert werden, kehren sich daher auch die physischen Auswirkungen auf den Körper um, sodass man sich einer besseren Gesundheit erfreuen kann.

Besseres Gedächtnis

Ständiges negatives Denken und übermäßiges Nachdenken wirken sich negativ auf unsere kognitiven Fähigkeiten aus. Eine pessimistische Denkweise kann Ihre Konzentration und Ihre Erinnerungsfähigkeit ernsthaft beeinträchtigen. Durch die Entwicklung einer positiven Denkweise verringern Sie jedoch den mentalen und psychischen Druck, verbessern Ihre mentale Klarheit und optimieren Ihre kognitiven Funktionen.

Verbesserte Beziehungen

Menschen mit einer positiven Denkweise neigen dazu, offener, mitfühlender und fröhlicher zu sein. Das macht sie sehr attraktiv. Wenn Sie Ihre negativen Denkgewohnheiten ablegen, werden möglicherweise Ihre Beziehungen zu anderen Menschen gestärkt und die Qualität Ihrer Beziehungen zu Ihrer Familie, Ihren Freunden und Arbeitskollegen wird verbessert.

Mehr Erfolge

Positive Menschen haben generell mehr Erfolg, und zwar sowohl in ihrer Karriere als auch im Privatleben. Dies liegt daran, dass sie im Vergleich zu ihren pessimistischen Kollegen tendenziell mehr Chancen im Leben sehen und verfolgen. Positiv denkende Menschen konzentrieren sich auch weniger auf ihre Fehler, was ihnen dabei hilft, sich nicht entmutigen zu lassen, wenn die Dinge nicht nach Plan verlaufen.

Bessere kardiovaskuläre Gesundheit

Personen, die positives Denken praktizieren, leiden seltener an Herz-Kreislauf-Erkrankungen, wie Bluthochdruck und Schlaganfällen. Dies liegt daran, dass sie in der Lage sind, mit Stress und Angst auf produktive Weise umzugehen und zu verhindern, dass diese ihre Gesundheit und ihre persönliche Entwicklung beeinträchtigen.

Wie Sie sehen, gibt es zahlreiche Vorteile, die Sie genießen können, wenn Sie Ihre Perspektive ändern und positiver denken. Neben dem Schutz Ihrer Gesundheit und der Verbesserung Ihrer allgemeinen Lebensqualität, kann Ihnen ein positives Denken dabei helfen, all Ihre Ziele und Bestrebungen im Leben zu erreichen. Wenn Sie von negativen Gedanken und übermäßigem Nachdenken geplagt werden, kann Sie die Entwicklung einer positiven Denkweise von Angst und Stress befreien und es Ihnen ermöglichen, mit unangenehmen Situationen besser umzugehen („Positive thinking: Stop negative self-talk to reduce stress", 2020a).

Führen Sie zufällige freundliche Handlungen aus

Wenn wir zu sehr in unseren Sorgen und negativen Gedanken gefangen sind, dann vergessen wir oftmals, dass auch andere Menschen vor Herausforderungen stehen, die den unseren sehr ähnlich sind. Um eine positive Einstellung zu fördern, ist es wichtig, sich die Zeit zu nehmen und gegenüber anderen Menschen freundliche Handlungen auszuführen. Wenn Sie mit negativen Gedanken und Sorgen zu tun haben, dann sollten Sie Ihren Alltag für einen Moment verlassen und zur Abwechslung etwas für jemand anderen tun. Dies können so einfache Gesten sein, wie einer fremden Person ein Kompliment zu machen oder einem Freund bei einer Aufgabe zu helfen, an der er arbeitet. Wenn Sie freundliche Handlungen für andere Menschen ausführen, können Sie mit der realen Welt in Kontakt treten und Ihr eigenes Leben wiedererlangen. Dies kann Ihnen dabei helfen, positiver zu denken und Ihnen die Möglichkeit geben, Ihre einzigartigen Talente und Gaben mit anderen zu teilen.

Lernen Sie, Kritik auf eine positive Art und Weise zu akzeptieren

Menschen haben generell eine starke Abneigung gegen Kritik. Dies liegt daran, dass wir Kritik sehr persönlich nehmen. Immer wenn jemand etwas Kritisches über uns sagt, fällt unser Verstand sofort ein negatives Urteil über unseren Charakter, was dazu führt, dass wir in die Defensive gehen. Dies macht es für uns sehr schwierig, Kritik auf würdige Art und Weise anzunehmen, selbst wenn diese legitim und gut gemeint ist. Um jedoch ein positiv gesinnter Mensch zu werden, müssen wir diese Einstellung ändern und offener für Kritik werden.

Wir neigen oft dazu, zu denken, dass etwas Fundamentales mit uns nicht stimmt, wenn wir kritisiert werden. Dies kann zu Problemen führen, wie Angst und übermäßigem Nachdenken, da wir herausfinden wollen, ob diese Kritik gerechtfertigt war oder nicht. Es ist wichtig, zu erkennen, dass Kritik an unseren Gedanken oder Handlungen nicht grundsätzlich ein Angriff auf unseren Charakter ist. Deshalb müssen wir lernen, wie man diese beiden voneinander trennt.

Wenn Sie irgendeine Art von Kritik erhalten, nehmen Sie sich einen Moment Zeit, um diese zu verinnerlichen und darüber nachzudenken, anstatt sofort darauf zu reagieren. Dies verhindert, dass Sie vorschnell unüberlegte Handlungen vornehmen, indem Sie z. B. auf die andere Person einschlagen. Dies könnte dann zu einer weiteren Eskalation führen. Wenn Sie sich die Zeit genommen haben, um die Kritik mental zu verdauen, dann versuchen Sie, nach positiven Aspekten zu suchen, die Sie daraus ableiten können. Natürlich wird nicht jede Kritik auf höfliche Art und Weise geäußert. Die Person, die Sie kritisiert, ist möglicherweise unnötig dreist oder unsensibel in der Art und Weise, wie sie ihre Meinung äußert. Versuchen Sie jedoch, auch wenn Ihre Kritiker unhöflich sind, die positiven Aspekte zu erkennen, die Sie aus deren Kritik ableiten können. Wenn Sie beginnen, die Kritik in einem positiven Licht zu sehen, dann danken Sie der anderen Person für ihre Worte. Es ist möglich, dass die andere Person ihre Kritik auf unhöfliche Weise präsentiert hat, weil sie einfach einen schlechten Tag hatte. Vermeiden Sie also die Versuchung, zu hart mit dieser Person zu sein. Wenn Sie feststellen, dass die Kritik korrekt war, dann bemühen Sie sich ganz bewusst, daraus zu lernen, da diese Kritik Ihnen dabei hilft, ein besserer Mensch zu werden.

Zusammenfassung

In diesem Kapitel wurden das Konzept und die Vorteile des positiven Denkens vorgestellt. Wir haben untersucht, wie Sie durch die Bewertung Ihrer negativen Denkschleifen Ihre Denkweise von einer pessimistischen Weltanschauung zu einer positiven Weltanschauung ändern können, die sich auf die positiven Aspekte des Lebens konzentriert. Abschließend werden nachfolgend die wichtigsten Erkenntnisse aus diesem Kapitel nochmals zusammengefasst:

- Unter einer positiven Denkweise versteht man nicht die Praxis, schwierige Situationen zu vermeiden oder zu ignorieren. Vielmehr geht es darum, schwierige Situationen mit Optimismus und einer Problemlösungshaltung anzugehen.
- Die Entwicklung einer positiven Denkweise kann in vielerlei Hinsicht von großem Nutzen sein, einschließlich Stressabbau, verbesserter Kognition und verbesserter allgemeiner Gesundheit.
- Um eine positive Einstellung zu erreichen, ist es wichtig, dass Sie lernen, wie Sie automatische Fallstricke des negativen Denkens vermeiden, in die Sie verwickelt sind. Dazu gehört das Polarisieren, die Etikettierung, die Schwarzmalerei sowie die Personalisierungen.
- Eines der besten Dinge, die Sie tun können, um Ihrer eigenen Negativität zu entkommen, ist es, zufällige freundliche Handlungen vorzunehmen.

Dennoch ist es nicht einfach, Ihre Denkweise von einer negativen zu einer positiven zu ändern. Dies erfordert immense Willenskraft, Übung und Engagement. Höchstwahrscheinlich werden Sie in der Anfangsphase Schwierigkeiten haben, dies zu erreichen. Mit den richtigen Werkzeugen und Techniken entwickeln Sie jedoch mit Sicherheit eine positive Einstellung, die Ihnen dabei hilft, die Tendenz zu überwinden, sich zu viele Sorgen zu machen oder von negativen Gedanken besessen zu sein.

Im folgenden Kapitel werden wir untersuchen, wie Sie die Praxis des positiven Denkens fördern können. Die Themen, die wir diskutieren werden, beziehen sich darauf, wie Sie Bereiche in Ihrem Denken identifizieren, die verbessert werden müssen und wie ein gesunder Lebensstil Ihnen dabei helfen kann, eine positive Einstellung zu entwickeln. Am Ende des Kapitels sollten Sie mit dem Know-how und den Fähigkeiten ausgestattet sein, um mit negativen Gedankenmustern umzugehen, die Ihnen begegnen.

KAPITEL 8:

Positives Denken fördern

Im vorherigen Kapitel haben wir uns angesehen, wie sich Ihre Denkweise auf Ihr Leben auswirken kann. Sie werden also zweifellos zustimmen, dass die Entwicklung einer positiven Denkweise Ihnen dabei helfen kann, Ihre Tendenz, sich ständig Sorgen zu machen, zu eliminieren und Ihnen ein glücklicheres und produktiveres Leben zu ermöglichen. Wie wir die Welt wahrnehmen und mit ihr interagieren, hängt in hohem Maße von unserer Denkweise ab. Aus diesem Grund ist es immer wichtig, in jedem Aspekt des Lebens positiv zu sein. Eine Änderung Ihrer Denkweise geschieht jedoch nicht auf magische Weise über Nacht.

Eine positive Denkweise zu entwickeln ist ein Prozess, der viel Zeit und mentale Investitionen erfordert. Dies bedeutet jedoch nicht, dass Sie ein besonderer Mensch sein müssen, um dies zu erreichen. Jeder Mensch kann eine positive Einstellung erreichen -vorausgesetzt, er ist dazu entschlossen, seine Denkweise zu ändern und er hat die richtigen Strategien, die ihm dabei helfen (Hurst, 2014).

In diesem Kapitel werden wir einige nützliche Techniken und Methoden untersuchen, die Sie anwenden können, um positives Denken zu fördern. Diese hochwirksamen Strategien ermöglichen es Ihnen, einen Paradigmenwechsel in Ihrer Denkweise herbeizuführen und sich selbst zu befähigen, Ihre negative Denkweise abzulegen.

Sich auf eine positive Denkweise konzentrieren

Um zu einer positiven Einstellung zu kommen, müssen Sie Ihre Aufmerksamkeit von den negativen Gedanken ablenken, von denen Sie ständig geplagt werden und sich auf die positiven Aspekte einer bestimmten Situation konzentrieren. Ein häufig genanntes Beispiel ist die berühmte Frage: „Ist das Glas halb leer oder halb voll?" Eine Person mit einer positiven Denkweise wird sagen, dass es halb voll ist. Dies ist jedoch leichter gesagt als getan, wenn man bedenkt, dass wir oft dazu neigen, von negativen Gedanken besessen zu sein und alle guten Dinge abzuwerten. Genauso wie Sie die schlechte Angewohnheit entwickeln können, sich auf Negativität zu konzentrieren, können Sie dies auch umkehren und lernen, positiv zu denken.

Identifizieren Sie Bereiche, die Sie verändern müssen

Die erste Sache, die Sie tun müssen, um zu lernen, wie Sie ein Mensch mit einer positiven Denkweise werden, besteht darin, dass Sie die Bereiche in Ihrem Leben identifizieren, die geändert werden müssen. Vielleicht sind Ihre negativen Gedankenmuster auf Ihre Unzufriedenheit in Bezug auf Ihre Karriere oder in Bezug auf eine ungesunde Beziehung zurückzuführen. Indem Sie die Situationen ausfindig machen, die zu Ihrem negativen Denken beitragen, können Sie damit beginnen, diesen Aspekt Ihres Lebens zu ändern und das Problem zu eliminieren. Wenn beispielsweise negative Gedanken auftauchen, weil Sie das Gefühl haben, dass Ihre Arbeit Sie nicht erfüllt, dann können Sie dieses Problem mit Ihrem Chef besprechen, um Wege zu finden, die Situation für Sie zufriedenstellender zu gestalten. Wenn Sie mit Ihrer Beziehung unzufrieden sind, dann können Sie ein Gespräch mit Ihrem Partner führen, um herauszufinden, wie Sie Ihre Beziehung verbessern und erfüllender gestalten können. Denken Sie daran, dass das Ziel der Identifizierung Ihrer Auslöser für negatives Denken und übermäßiges

Nachdenken darin besteht, praktikable Lösungen für alle Probleme zu finden, mit denen Sie konfrontiert sind.

Überprüfen Sie sich selbst

Damit Sie eine positive Einstellung entwickeln und die Tendenz zum übermäßigen Nachdenken eliminieren können, müssen Sie sich der Gedanken bewusstwerden, die Ihnen im Laufe des Tages ständig durch den Kopf gehen. Dies ist eine Strategie, die als „sich selbst überprüfen" bezeichnet wird. Ziel dieser Übung ist es, herauszufinden, ob Sie mehr negative als positive Gedanken haben. Wenn Sie feststellen, dass die meisten Gedanken, die Sie im Laufe Ihres Tages erleben, negativ sind, dann müssen Sie versuchen, einen Weg zu finden, sie durch positive Gedanken zu ersetzen.

Seien Sie offen für Humor

Ein gutes Lachen hat zweifellos viele Vorteile. Zu den gesundheitlichen Vorteilen des Lachens zählen eine verbesserte Durchblutung des Körpers, die Lösung von Muskelverspannungen sowie die Freisetzung von Endorphinen, wie Serotonin und Dopamin, wodurch wir uns gut und zufrieden fühlen. Humor sorgt auch für Stressabbau und kann Ihnen dabei helfen, die Ängste abzulegen, die Sie normalerweise haben, wenn Sie von negativen Gedanken geplagt werden. Über sich selbst zu lachen, hilft Ihnen ebenfalls dabei, das Leben weniger ernst zu nehmen und kann Sie von den ständigen Belastungen und Sorgen des Lebens befreien, die zu negativen Gedanken führen. Wenn Sie offen für Humor sind, werden Sie möglicherweise zu der Erkenntnis kommen, dass einige der Probleme, von denen Sie ständig besessen sind, gar nicht so groß sind, wie Sie denken. Auf diese Weise können Sie eine bessere Denkweise entwickeln und die Herausforderungen im Leben mit einer positiven Einstellung angehen.

Entwickeln und praktizieren Sie einen gesunden Lebensstil

Wenn es darum geht, eine positive Einstellung zu entwickeln, ist ein gesunder Lebensstil von entscheidender Bedeutung. Je mehr Sie sich um Ihren Körper kümmern, desto schneller können Sie die physischen und psychischen Anforderungen Ihrer stressigen Gedanken und Ängste umkehren. Aus diesem Grund müssen Sie ein tägliches Trainingsprogramm einführen und beibehalten, um fit zu bleiben und Ihren allgemeinen Gesundheitszustand sowie Ihr Wohlbefinden zu verbessern. Nehmen Sie sich etwas Zeit, um Sport zu treiben - idealerweise zwei- bis dreimal pro Woche jeweils 20 bis 40 Minuten. Dazu gehören körperliche Aktivitäten, wie Joggen, Spazierengehen, Tanzen oder Dehnübungen. Wenn Sie diese Trainingsgewohnheiten beibehalten, verbessern Sie nicht nur Ihren körperlichen Gesundheitszustand, sondern auch Ihren geistigen Zustand.

Neben Bewegung ist es auch wichtig, sich gesund zu ernähren, um eine positive Einstellung zu fördern. Es gibt viele Lebensmittel, von denen bekannt ist, dass sie Angstzustände verstärken. Aus diesem Grund sollten diese Lebensmittel vermieden werden, wenn Sie versuchen, Ihre negativen Denkmuster abzulegen. Dazu gehören verarbeitete Lebensmittel, die sogenannten Softdrinks, Kaffee, raffinierter Zucker sowie Milchprodukte. Sie sollten auch Alkohol minimieren oder überhaupt keinen Alkohol mehr trinken, wenn Sie versuchen, eine positive Einstellung zu pflegen. Stattdessen sollten Sie vermehrt Spargel, Mandeln, Avocados, Walnüsse, Grünkohl und Spinat zu sich nehmen.

Indem Sie ein regelmäßiges Trainingsprogramm einhalten und sich gesund ernähren, können Sie Ihre körperliche und geistige Belastbarkeit stärken, um negative Denkmuster zu überwinden und eine positivere Lebenseinstellung zu entwickeln.

Umgeben Sie sich mit positiven Menschen

Wenn Sie positive Menschen um sich herum haben, kann dies Ihre Denkweise erheblich verbessern und Ihnen dabei helfen, ein positiver denkender Mensch zu werden. Sie müssen sicherstellen, dass die Menschen, mit denen Sie Zeit verbringen, Sie als Person unterstützen und Ihre Persönlichkeit mit all Ihren Macken und Nuancen akzeptieren. Es gibt mehrere Gründe, warum es eines der besten Dinge ist, sich mit positiv gesinnten Menschen zu umgeben, wenn man eine positive Einstellung entwickeln möchte.

Es fördert die Authentizität

Positiv gesinnte Freunde und Verwandte möchten in der Regel, dass Sie die beste Version Ihrer selbst werden. Daher werden sie Sie bei Ihren Bestrebungen und Zielen unterstützen. Sie akzeptieren Ihre persönlichen Entscheidungen und die Art und Weise, wie Sie sich ausdrücken. Wenn Sie positiv denkende Menschen in Ihrer Nähe haben, werden Sie ermutigt, sich selbst zu akzeptieren. Dies bedeutet, dass Sie nicht übertrieben vorsichtig und diplomatisch mit Ihren Mitmenschen umgehen müssen, um diese nicht zu beleidigen. Es bedeutet auch nicht, dass Sie hart arbeiten müssen, um Ihre Mitmenschen zu beeindrucken. Dies kann einen erheblichen mentalen Druck abbauen und Sie fühlen sich wohler.

Weniger Drama in Ihrem Leben

Positiv denkende Menschen neigen dazu, eine geringere Toleranz für unnötiges Drama zu haben. Sie meiden lieber negative Energie und konzentrieren sich darauf, die beste Version ihrer selbst zu sein und gute Beziehungen zu ihren Mitmenschen aufzubauen. Indem Sie also die Gesellschaft positiver Menschen suchen, können Sie bedeutungslose Dramen vermeiden, die keinem anderen Zweck dienen, als Stress, Anspannung und Frustration zu erhöhen. Auf diese Weise können Sie Ihre Ängste ablegen und Sie werden ruhiger und entspannter.

Erhöhte Motivation

Wenn Sie positive Menschen in Ihrem Leben haben, kann dies auch Ihre Motivation erheblich steigern. Positiv denkende Menschen neigen dazu, sich selbst herauszufordern, um besser zu werden. Sie konzentrieren ihre ganze Energie darauf, sich selbst und andere aufzubauen. Wenn Sie diese Art von Menschen in Ihrer Nähe haben, können Sie genug Motivation entwickeln, um positive Veränderungen in Ihrem Leben vorzunehmen und ein besserer Mensch zu werden.

Legen Sie sich ein neues Hobby zu

Sich ein neues Hobby zuzulegen, kann eine sehr herausfordernde Aufgabe sein, da Sie alles von Grund auf lernen müssen. Wenn Sie ein berufstätiger Mensch mit wenig Freizeit sind oder ständig familiäre Verpflichtungen haben, dann scheint es unmöglich zu sein, Ihr neues Hobby in Ihren bereits vollen Zeitplan zu integrieren. Ein neues Hobby kann jedoch sehr nützlich sein, wenn es darum geht, eine positive Einstellung zu pflegen. Wenn Sie sich ein neues Hobby zulegen, können Sie nicht nur neue Fähigkeiten erlernen und entwickeln, sondern auch Ihre Persönlichkeit besser erforschen. Sie werden überrascht sein, dass Sie Talente und Fähigkeiten haben, die Ihnen noch nicht bewusst waren. Wenn Sie also daran arbeiten, Ihr positives Denken zu verbessern, versuchen Sie, ein Hobby auszuwählen, an dem Sie interessiert sind. Dies kann so etwas sein wie Vogelbeobachtung, Malen, das Erlernen eines Musikinstrumentes, Gartenarbeit oder etwas anderes, was Sie schon immer tun wollten. Wenn Sie ein neues Hobby beginnen, dann bauen Sie eine ganz neue Verbindung zu sich selbst auf und Sie genießen ein neues Maß an Erfüllung.

Üben Sie positive Selbstgespräche

Selbstgespräche beziehen sich auf den internen Monolog, der stets in Ihrem Kopf stattfindet, selbst wenn Sie den gewöhnlichen Aktivitäten Ihres täglichen Lebens nachgehen (Holland, 2019). Selbstgespräche spiegeln normalerweise Ihre Grundwerte, Glaubenssysteme und Konzepte wider. Selbstgespräche können je nach Persönlichkeit und Erfahrungen entweder positiv oder negativ sein. Wenn Sie von Natur aus optimistisch sind, werden Sie wahrscheinlich positive Gedanken und Selbstgespräche haben. Wenn Sie dagegen ein Pessimist sind, sind Ihre Selbstgespräche meistens negativ. Um eine positive Denkweise zu pflegen, müssen Sie diesen internen Monolog von negativen zu positiven Gedanken umwandeln.

Es gibt viele Vorteile, die Sie aus dem Üben positiver Selbstgespräche ziehen können. Dies sind die Vorteile, die daraus entstehen können:

- Höhere Lebenszufriedenheit
- Verbessertes Immunsystem
- Bessere kardiovaskuläre Gesundheit
- Stress- und Angstabbau
- Längere Lebensdauer

Wenn Sie positive Selbstgespräche üben, besteht der Schlüssel darin, alle vorhandenen negativen Gedanken zu identifizieren und sie durch eine positive Einstellung zu ersetzen. Anstatt z. B. zu sagen: „Ich bin ein Versager und werde in keinem Bereich gut sein", können Sie diesen Gedanken ersetzen, indem Sie sich sagen: „Ich bin froh, dass ich mein Bestes gegeben habe. Ich werde versuchen, es beim nächsten Mal besser zu machen." Wenn Sie mitfühlende Worte verwenden, um Ihre negativen Selbstgespräche anzusprechen, können Sie sich aus der Falle der negativen Denkweise befreien und sich selbst und die Situationen besser akzeptieren, die außerhalb Ihrer Kontrolle liegen („Positive thinking: Stop negative self-talk to reduce stress", 2020b).

Lernen Sie, über sich selbst zu lachen

Wir Menschen neigen dazu, uns selbst gegenüber sehr kritisch zu sein. Wir messen uns ständig an den Leistungen anderer Menschen und setzen uns selbst außerordentlich hohe Maßstäbe. Wenn wir diese Standards nicht erfüllen, sind wir womöglich von uns selbst enttäuscht. Diese Enttäuschung führt oft zu negativen Gefühlen der Unwürdigkeit und Selbstbeschuldigung, die unser Selbstwertgefühl erheblich schädigen können. Es ist wichtig zu erkennen, dass niemand perfekt ist. Dazu gehören auch Menschen, zu denen wir aufschauen und die in allem gut zu sein scheinen. Deshalb müssen wir die Tendenz ablegen, Perfektion von uns selbst zu erwarten. Indem wir lernen, über uns selbst und unsere Fehler zu lachen, können wir dazu beitragen, den Leistungsdruck zu verringern und unser Leben positiver zu gestalten. Es ist wichtig, uns daran zu erinnern, dass das Leben im Wesentlichen ein Abenteuer ist und dass wir alle auf dem Weg der Selbstfindung sind. Wenn wir also eine unbeschwerte Haltung gegenüber unseren Fehlern und Eigenheiten einnehmen, können wir uns dem Leben mit beständigem Optimismus nähern und es besser wertschätzen.

Zusammenfassung

In diesem Kapitel haben Sie etwas über positives Denken und die Entwicklung dieser Denkweise gelernt. Wir haben darüber gesprochen, wie positives Denken Ihre Denkweise verändern und Ihren allgemeinen Gesundheitszustand sowie Ihr Wohlbefinden verbessern kann. Natürlich passiert das nicht über Nacht. Sie müssen diese Techniken eine bestimmte Zeit lang üben, um konkrete Ergebnisse zu erzielen. Diese Tipps und Techniken werden für Sie jedoch genauso funktionieren wie für viele andere Menschen in der Vergangenheit auch.

Um die Hauptpunkte dieses Kapitels zusammenzufassen, sind nachfolgend einige der Tipps aufgeführt, die Sie beachten müssen, wenn Sie eine positive Einstellung einnehmen wollen:

- Eine positive Denkweise zu entwickeln, geschieht nicht über Nacht - es erfordert Fleiß und Übung.
- Lernen Sie, Ihre Gedanken bewusst zu beobachten, um die negativen Gedanken zu erkennen, über die Sie am häufigsten nachdenken. Auf diese Weise können Sie feststellen, welche Situationen negative Denkmuster in Ihnen auslösen und wie Sie diese Situationen ändern können, um eine positivere Einstellung einzunehmen.
- Seien Sie humorvoll und lernen Sie, über sich selbst und die Situationen, in denen Sie sich befinden, zu lachen. Wenn Sie Ihr Leben weniger ernst nehmen, wird der Druck verringert, den Sie in schwierigen Situationen verspüren.
- Eignen Sie sich einen gesunden Lebensstil an und pflegen Sie ihn. Ein gesunder Lebensstil umfasst regelmäßige körperliche Betätigung sowie eine gesunde Ernährung. Dies hält nicht nur Ihren Körper in einer guten Form, sondern lindert auch Angstzustände und Stress.
- Umgeben Sie sich mit positiv gesinnten Menschen, die Sie motivieren und dazu ermutigen, die beste Version Ihrer selbst zu sein. Finden Sie Freunde, die Sie so akzeptieren, wie Sie sind und die Sie ständig herausfordern, um die Person zu werden, die Sie sein möchten.
- Üben Sie positive Selbstgespräche, indem Sie negative Gedanken und Sätze, für die Sie eventuell anfällig sind, durch positive ersetzen. Konzentrieren Sie sich auch in schwierigen Situationen immer auf die positiven Aspekte der Dinge. Dies verhindert, dass Sie in einen negativen Denkzyklus geraten. Zudem ermöglicht es Ihnen, proaktiv Lösungen für die unmittelbaren Probleme zu finden, mit denen Sie konfrontiert sind.

Positives Denken ist ein Konzept, das mit Selbstakzeptanz einhergeht. Tatsächlich führt die Praxis des positiven Denkens in der Regel zu einem besseren Selbstverständnis und es ermöglicht uns, unsere Stärken und Schwächen als Individuen zu erkennen und zu schätzen. Genauso wichtig, wie positives Denken zu pflegen, ist es auch wichtig, zu lernen, wie man akzeptiert, wer wir sind.

Im nächsten Kapitel werden wir das Konzept der Selbstakzeptanz untersuchen und darlegen, warum diese für den Umgang mit negativen Gedanken von entscheidender Bedeutung ist und wie Sie eine bessere Selbstakzeptanz fördern können. Ich habe keinen Zweifel daran, dass Sie am Ende des Kapitels ein besseres Verständnis für die Selbstakzeptanz haben und verstehen werden, warum dies so wichtig ist, wenn es darum geht, Probleme des übermäßigen Nachdenkens, der Sorge und der Angst zu bekämpfen.

KAPITEL 9:

Der Weg zur Selbstakzeptanz

Viele Menschen verwechseln Selbstwertgefühl mit Selbstakzeptanz. Während sich das Selbstwertgefühl darauf bezieht, wie Sie sich selbst sehen, bezieht sich die Selbstakzeptanz auf das Gefühl der Zufriedenheit, das Sie in Bezug auf sich selbst haben - und zwar unabhängig von Fehlern und Schwächen in der Vergangenheit.

Wie wir uns selbst wahrnehmen, ist sehr wichtig für unsere psychische Gesundheit sowie für unseren Fortschritt in Richtung unserer Ziele und Bestrebungen. Menschen mit einem hohen Selbstwertgefühl sind in der Regel sehr motiviert und können ihre Ziele unabhängig von den Herausforderungen verfolgen, denen sie auf ihrem Weg begegnen. Auf der anderen Seite werden Menschen mit einem geringen Selbstwertgefühl leicht entmutigt und sind nicht so belastbar, wenn es darum geht, ihre Lebensziele zu verfolgen. Solche Menschen vermeiden herausfordernde Situationen oder finden es schwierig, durchzuhalten, wenn sie auf stressige Lebenssituationen stoßen (F, 2008).

Zudem neigen sie dazu, sich selbst negativ wahrzunehmen und sind anfällig für Probleme, wie Angstzustände, einem geringen Selbstwertgefühl und ein mangelndes Selbstvertrauen. Folglich sind sie tendenziell weniger erfolgreich als ihre Kollegen, die ein hohes Selbstwertgefühl haben.

Um tatsächlich ein Gefühl der Selbstakzeptanz zu erlangen, ist es absolut wichtig, sich selbst vollständig zu akzeptieren - sowohl hinsichtlich der negativen als auch der positiven Aspekte seiner selbst. Den meisten Menschen fällt es jedoch schwer, sich ihre Fehler einzugestehen. Selbst dann, wenn sie dies tun, fällt es ihnen manchmal immer noch schwer, mit diesen Fehlern zu leben. Dies führt oftmals zu Gefühlen der Unsicherheit, Angst und zu Sorgen, die nicht nur die geistige Gesundheit beeinträchtigen, sondern die Menschen auch daran hindern können, die Ziele zu verfolgen, die sie sich in ihrem Leben gesetzt haben.

Vorteile der Selbstakzeptanz

So schwierig es auch sein mag, ein Gefühl der Selbstakzeptanz zu erreichen, so kann dies dennoch in vielerlei Hinsicht sehr lohnend sein. Nachfolgend werden Ihnen einige der Vorteile erläutert, die entstehen, wenn Sie lernen, sich selbst zu akzeptieren.

Sie hilft Ihnen, Demut zu entwickeln

Die Entwicklung von Selbstakzeptanz kann Ihnen dabei helfen, ein bescheidenerer Mensch zu werden. Die Kunst der Selbstakzeptanz führt dazu, anzuerkennen, dass wir nicht die vollständige Kontrolle über unser Leben haben. Mithilfe eines ausgewogenen Gefühls der Selbstakzeptanz können Sie daher zu der Erkenntnis gelangen, dass Sie einfach ein Teil eines viel größeren Puzzles sind, das wir als Leben bezeichnen. Wenn Sie zu dieser Erkenntnis gelangen, können Sie ein Mensch werden, der ausgeglichener und bescheidener ist.

Sie ermöglicht Ihnen eine klare Perspektive auf die Realität

Die Kunst der Selbstakzeptanz ermöglicht es Ihnen, sich einer Realität bewusst zu werden, die eher auf Wahrheit als auf Fantasie beruht. Indem Sie Selbstakzeptanz üben, können Sie die Welt so sehen, wie sie ist, und nicht so, wie Sie es sich wünschen. Dies kann sehr nützlich sein, um sich selbst zu erden und Situationen aus einer realistischen Perspektive heraus zu betrachten.

Sie unterstützt Sie dabei, Probleme besser zu lösen

Selbstakzeptanz verschafft Ihnen Klarheit in Bezug auf Ihre Denkweise, die Sie benötigen, um Ihre Probleme tiefgreifend zu bewerten und effektive Lösungen für Ihre kritischen Probleme zu finden. Wenn Sie realistisch in Bezug auf sich selbst und Ihre Fähigkeiten sind, planen und gehen Sie einen Weg, der eher zu einem erfolgreichen Ergebnis führt.

Sie fördert Ihr körperliches, geistiges und emotionales Wohlbefinden

Wenn Sie ablehnen, wer Sie wirklich sind, so kann diese Ablehnung das Gleichgewicht unseres Lebens aufgrund des damit verbundenen Stresses und der damit verbundenen Ängste erheblich beeinträchtigen. Wenn wir uns jedoch voll und ganz akzeptieren, haben wir mehr Energie, um produktivere Aktivitäten durchzuführen. Dies hilft uns dabei, auf unsere Ziele und Bestrebungen im Leben hinzuarbeiten.

Sie verbessert Ihre Beziehungen zu anderen Menschen

Die Selbstakzeptanz kann uns dabei helfen, unsere Beziehung zu den Menschen in unserem Umfeld zu verbessern. Dies liegt daran, dass wir lernen, in Bezug auf unsere Bedürfnisse durchsetzungsfähiger zu sein und gleichzeitig anzuerkennen, dass andere Menschen sich von uns unterscheiden und möglicherweise nicht dieselben Überzeugungen oder Werte teilen, die wir haben. Indem wir lernen, uns selbst zu akzeptieren, können wir uns auf sinnvollere Weise mit Menschen verbinden und Beziehungen aufbauen, die auf Vertrauen, Ehrlichkeit und gegenseitigem Respekt beruhen.

Sie bietet eine Option, wenn Sie mit schwierigen Situationen konfrontiert sind

Zu Beginn dieses Buches haben wir die Bedeutung der Unterscheidung zwischen lösbaren und unlösbaren Sorgen erörtert. Lösbare Sorgen sind im Wesentlichen Situationen, in denen sofortige Maßnahmen ergriffen werden können oder müssen. Unlösbare Sorgen sind solche, die außerhalb Ihrer Kontrolle liegen. Wenn wir nachdenken oder übermäßig viel grübeln, liegt dies oft daran, dass wir mit herausfordernden Situationen konfrontiert sind, für die wir keine sofortige Lösung haben. Dies kann zu Hoffnungslosigkeit, Hilflosigkeit und Angst führen. Selbstakzeptanz kann uns jedoch helfen, diese Herausforderungen besser zu bewältigen. Indem Sie Dinge akzeptieren, über die Sie keine Kontrolle haben, können Sie Ihren Geist von unproduktiven Gedanken befreien, die keinem anderen Zweck dienen, als Ihre Angst und Ihren Stress zu erhöhen.

Sie ermöglicht Ihnen, ein besseres Selbstverständnis zu entwickeln

Unsere Emotionen und Gefühle liefern uns normalerweise viele Informationen über die Dinge, die wir im Leben schätzen. Wenn Sie Ihre Gefühle unterdrücken oder leugnen, können Sie sich von der Welt entfremdet fühlen und aus den Augen verlieren, wer Sie wirklich sind. Indem Sie jedoch Ihre Gefühle anerkennen und akzeptieren, können Sie ein besseres Verständnis für sich selbst entwickeln und Entscheidungen treffen, die Ihren Grundwerten und Überzeugungen entsprechen.

Sie verringert die Wahrscheinlichkeit von unangenehmen Gefühlen

Die Entwicklung eines Bewusstseins für Ihre Gefühle und Emotionen ist ein wesentlicher Bestandteil der Selbstakzeptanz. Wenn Sie Ihre unangenehmen Gefühle anerkennen, ohne sie zu unterdrücken oder zu leugnen, können Sie sie endgültig und schnell lösen, damit sie später nicht erneut auftauchen und Sie verfolgen.

Sie ermöglicht Ihnen, sich selbst zu vergeben

Sicherlich haben wir alle in der Vergangenheit einige Dinge getan, auf die wir nicht besonders stolz sind. Möglicherweise haben wir einige grobe Fehler oder Irrtümer begangen, die unser Leben in erheblichem Maße beeinflusst haben. Natürlich kann die Vergangenheit nicht rückgängig gemacht werden. Indem Sie jedoch Ihre

Fehler und Schwächen der Vergangenheit durch Selbstakzeptanz anerkennen, können Sie sich vergangene Fehler verzeihen und Ihr Leben auf ehrliche und friedliche Weise weiterführen.

Sie befreit Sie von der Tendenz des übermäßigen Nachdenkens

Sehr oft überanalysieren wir oder denken zu viel nach, einfach weil wir nicht akzeptieren können, wie die Dinge gegenwärtig sind, weil wir uns Sorgen um die Zukunft machen oder weil wir nicht damit aufhören können, die Vergangenheit ruhen zu lassen. Indem wir jedoch Selbstakzeptanz üben, grübeln wir weniger stark über Situationen nach, wodurch unsere Energie erhalten und unser Seelenfrieden gewahrt bleibt.

Sie ermöglicht Ihnen, inneren Frieden zu erlangen

Wenn Sie sich davon entledigen können, Ihre Vergangenheit oder Zukunft zu idealisieren, Dinge zu bereuen oder sich Sorgen zu machen, konzentrieren Sie sich stärker auf die reale Welt. Indem Sie sich selbst akzeptieren bzw. akzeptieren, wer Sie sind, können Sie damit beginnen, die gewöhnlichen Dinge in Ihrem Leben viel mehr zu schätzen. So fühlen Sie sich in Ihrer eigenen Haut wohler und können inneren Frieden und Ruhe erreichen, selbst wenn Sie herausfordernden Situationen gegenüberstehen.

Sie öffnet einen Weg, dankbar gegenüber sich selbst zu sein

Ständiges negatives Denken und übermäßige Grübeleien können dazu führen, dass Sie sich selbst und Ihre Handlungen äußerst selbstkritisch und übermäßig stark beurteilen. Dieses Verhalten fördert oft eine Opfermentalität in uns, bei der wir uns minderwertiger wahrnehmen als wir sind. Das Üben der Selbstakzeptanz ermöglicht es uns jedoch, mitfühlender und dankbarer in Bezug auf uns selbst zu werden, was uns dabei helfen kann, glücklicher zu werden und uns wohler in unserer Haut zu fühlen.

Sie macht Sie psychisch stärker

Wenn wir versuchen, jene Aspekte von uns selbst zu vermeiden, für die wir uns schämen oder die wir nicht gutheißen, verlieren wir allmählich unser Vertrauen und unseren Mut. Dies kann sich sehr nachteilig auf unser psychisches Wohlbefinden auswirken. Wenn Sie sich jedoch vollständig akzeptieren, können Sie sich Ihren Ängsten direkt stellen und so Ihre psychologische Belastbarkeit entwickeln.

Sie ermöglicht Ihnen, die Kontrolle über Ihr Leben zu erlangen

Die Praxis der Selbstakzeptanz kann Ihnen dabei helfen, die Kontrolle über Ihre Gedanken und Handlungen zu übernehmen. Wann immer Sie eine Situation akzeptieren, die sehr schwierig oder unangenehm erscheint, lenken Sie Ihren Fokus auf das, was Sie tun müssen und ergreifen Sie Maßnahmen, die Ihren persönlichen Werten und Grundüberzeugungen entsprechen.

Sie ermöglicht Ihnen, Ihre eigenen Talente zu entdecken

Das Üben der Selbstakzeptanz kann Ihnen dabei helfen, alle Talente zu entdecken, die Sie womöglich noch gar nicht kannten. Indem Sie das Gute in sich selbst erkennen und Ihre Fähigkeiten nutzen, können Sie neue Dinge erreichen! Die Fähigkeit, sich selbst vollständig zu akzeptieren, stellt alle Aspekte Ihrer Persönlichkeit in den Vordergrund, die Sie die ganze Zeit vor sich selbst und anderen Menschen geheim gehalten haben. Sie werden überrascht sein, wie wirkungsvoll diese verborgenen Talente sein können, und zwar nicht nur für Sie persönlich, sondern auch für andere Menschen.

Wie Sie Selbstakzeptanz üben

Selbstakzeptanz ist für uns Menschen in der Regel eine große Herausforderung, da wir uns ständig auf Selbstzweifel und Selbstkritik einlassen. Je stärker diese Zweifel und negativen Gedanken auf unser Bewusstsein drücken, desto unsicherer fühlen wir uns. Dies kann zu Selbsthass und Depressionen führen. Wenn Sie mit einem schlechten Selbstwertgefühl zu kämpfen haben, ist es für Sie unbedingt erforderlich, eine gesunde Selbstakzeptanz zu fördern. Um dies zu tun, müssen Sie die Selbstakzeptanz als eine Fähigkeit wahrnehmen, die Sie durch Übung entwickeln können, anstatt sie als eine angeborene Eigenschaft zu betrachten, über die nur bestimmte Menschen verfügen.

Es gibt verschiedene Techniken, die Ihnen dabei helfen können, ein Gefühl der Selbstakzeptanz und des Selbstwertgefühls zu entwickeln. Einige dieser Techniken sind nachfolgend aufgeführt.

Praktizieren Sie entspannte Achtsamkeit

Um ein starkes Selbstbewusstsein zu entwickeln, ist es wichtig, sich Ihrer Gedanken und Gefühle bewusst zu werden. Das ist einfacher als Sie vielleicht denken. Anstatt sich verkrampft zu bemühen, Ihre Konzentration auf bestimmte Gedanken zu lenken, sollten Sie ein entspanntes Bewusstsein pflegen. Dieser Begriff bezieht sich auf einen Bewusstseinszustand Ihrer Gedanken und Emotionen, den Sie erreichen, wenn Sie Ihren Fokus auf bestimmte Themen oder Angelegenheiten loslassen. Entspanntes Bewusstsein kann mit Meditation verglichen werden, die es Ihnen ermöglicht, Ihr Leben auf eine normale Art und Weise zu gestalten, während Sie sich auf einem höheren Bewusstseinsniveau befinden als die meisten Menschen.

Hier ist eine kurze Anleitung, wie Sie einen Zustand des entspannten Bewusstseins herbeiführen und die zahlreichen Vorteile nutzen können, die Ihnen dieser Geisteszustand bietet:

- Seien Sie achtsam und entspannt während Ihrer täglichen Handlungen, z. B. während des Duschens, des Zubereitens Ihrer Mahlzeiten, des Zähneputzens usw. Vermeiden Sie dabei, sich zu stark zu konzentrieren. Behalten Sie stattdessen einen ruhigen und entspannten Geisteszustand bei und seien Sie präsent in der Gegenwart.
- Erkennen Sie Ihre Einzigartigkeit an und entwickeln Sie eine Wertschätzung für das, was Sie sich selbst zu bieten haben, für die Menschen, die Sie kennen und für die Gemeinschaft, in der Sie leben.
- Versuchen Sie, in der Gegenwart zu leben und alle Sorgen und Wünsche in Bezug auf die Vergangenheit oder die Zukunft abzulegen. Konzentrieren Sie sich darauf, was Sie kurzfristig tatsächlich tun können.
- Sehen Sie jeden Tag als eine neue Gelegenheit, um etwas Neues zu lernen und all Ihre Talente in sämtliche Dinge einzubringen, die Sie tun.

Erkennen Sie an, was Sie bemerken

Wenn Sie damit beginnen, ein entspanntes Bewusstsein zu üben, werden Sie möglicherweise viele Gedanken, Emotionen und Gefühle bemerken, die durch Ihren Geist und Körper schwirren. Dazu gehören selbstkritische Gedanken und Ängste sowie angenehme Emotionen, wie Zufriedenheit und Freude. Natürlich neigen Sie möglicherweise dazu, einige der Gedanken und Gefühle zu unterdrücken, die Sie als negativ empfinden. Dies ist jedoch kontraproduktiv für Ihre Praxis der Selbstakzeptanz, da diese wahrgenommenen negativen Gedanken und Emotionen ein untrennbarer Teil Ihrer selbst sind. Anstatt zu versuchen, sie zu vermeiden, sollten Sie diese negativen Gedanken genauso anerkennen und begrüßen, wie Sie es bei den positiven tun. Denken Sie daran, dass diese negativen Gedanken Ihnen die Möglichkeit bieten, etwas über sich selbst zu lernen. Aber verweilen Sie nicht bei ihnen! Dies führt Sie zu einem besseren Verständnis Ihrer hochkomplexen Persönlichkeit und ermöglicht es Ihnen, Selbstakzeptanz zu erlangen.

Hören Sie auf damit auf, sich mit anderen zu vergleichen

Wir Menschen neigen von Natur aus dazu, uns mit anderen Menschen zu vergleichen. Wir tendieren dazu, die besten Eigenschaften anderer Menschen mit unseren durchschnittlichen Eigenschaften zu vergleichen. Wir bewerten uns oft mithilfe von imaginären Wertungslisten. Wenn wir uns besser als andere Menschen wahrnehmen, fühlen wir uns bestätigt. Wenn wir dagegen denken, dass andere Menschen besser sind als wir, kann dies zu Problemen in Bezug auf unser Selbstwertgefühl und Selbstvertrauen führen.

So natürlich und harmlos er auch scheinen mag, so ist ein Vergleich mit anderen Menschen tatsächlich eine sehr schädliche Angewohnheit, die unser Leben und unsere emotionale Gesundheit zerstören kann (Raftlova, 2019). Um Selbstakzeptanz zu erlangen, ist es wichtig, diese Gewohnheit loszulassen. Das ist nicht immer einfach, wenn man bedenkt, wie tief diese Gewohnheit normalerweise in uns verwurzelt ist. In den meisten Fällen führen wir diese Vergleiche durch, ohne uns dessen überhaupt bewusst zu sein.

Wenn Sie jedoch das entspannte Bewusstsein üben, werden Sie feststellen, wie oft Sie sich mit anderen vergleichen. Wenn Sie sich dieser Gedanken bewusst werden, versuchen Sie nicht, sie zu unterdrücken oder zu vermeiden. Erkennen Sie sie stattdessen an und lassen Sie sie los, indem Sie Ihren Fokus auf positive Gedanken richten.

Üben Sie sich in Dankbarkeit

Wenn Sie die Dinge anerkennen, für die Sie im Leben dankbar sind, werden Sie Ihre Situation besser einschätzen können. Zudem erhalten Sie die Energie, dem Leben mit einem neuen Gefühl von Optimismus und Akzeptanz zu begegnen. Wenn wir uns auf die guten Dinge in unserem Leben konzentrieren, haben wir keine Zeit bzw. keinen Raum für Negativität.

Lernen Sie, sich selbst zu vergeben

Sehr oft geraten wir aufgrund der ständigen Selbstbeurteilung und Selbstbeschuldigung in negative Denkschleifen. Sich selbst zu vergeben ist eines der schwierigsten Dinge. Zugegeben, wir haben in der Vergangenheit womöglich viele Fehler gemacht, die weiterhin einen dunklen Schatten auf unser Leben werfen. Die ständige Besessenheit in Bezug auf vergangene Fehler hält uns jedoch nur in der Negativität fest und hemmt unsere Fähigkeit, unser Leben weiterzuentwickeln. Um eine gesunde Selbstakzeptanz zu fördern, ist es daher sehr wichtig, sich selbst zu vergeben und die Scham, Schuld oder Trauer vergangener Fehler loszulassen.

Mitgefühl für sich selbst entwickeln

Es ist ein grundlegender Schritt, mitfühlender in Bezug auf sich selbst zu sein, um Selbstakzeptanz und inneren Frieden zu erlangen. Oft stecken wir in Denkmustern fest, die Selbstbeschuldigung und ungerechtfertigte Selbstkritik beinhalten. Dies kann dazu führen, dass wir ein schlechtes Selbstwertgefühl haben, was uns Glück und Zufriedenheit raubt.

Indem wir jedoch Mitgefühl für uns selbst entwickeln, können wir die Tendenz überwinden, uns selbst abzuwerten und es hilft uns dabei, uns selbst mehr zu akzeptieren. Nachfolgend sind einige Möglichkeiten aufgeführt, wie Sie üben können, sich selbst Mitgefühl entgegenzubringen und wie Sie einen ausgeglichenen Zustand der Selbstakzeptanz erreichen können.

Ändern Sie Ihre Denkweise

Sehr oft haben wir eine schlechte Selbstachtung, weil wir uns anhand von Fehlern beurteilen, die wir in der Vergangenheit gemacht haben. Dies kann sich nachteilig auf unser Selbstwertgefühl und unser Selbstvertrauen auswirken. Um vergangene Traumata und Fehler hinter sich zu lassen, müssen Sie lernen, Ihre vergangenen Handlungen von Ihrem gegenwärtigen Selbst zu trennen und zu erkennen, dass Ihre Handlungen in der Vergangenheit keinen Einfluss auf die Person haben müssen, die Sie jetzt sind, es sei denn, Sie möchten dies.

Verbringen Sie Zeit damit, Dinge zu tun, die Sie lieben

Wenn Sie mit Schuldgefühlen und Scham zu kämpfen haben, können Sie schnell davon überzeugt sein, dass Sie nichts Gutes im Leben verdienen. Dies ist jedoch weit von der Wahrheit entfernt. Wir alle verdienen Glück und Erfüllung, unabhängig von unseren früheren Handlungen und Fehlern. Aus diesem Grund müssen Sie sich, trotz aller Fehler in Ihrer Vergangenheit, erlauben, Glück zu erfahren - indem Sie sich Zeit nehmen, um Dinge zu tun, die Sie lieben, wie z. B. Ihren Hobbys und Interessen nachzugehen. Dieses Entgegenbringen von Selbstliebe wird Ihnen dabei helfen, gesund zu werden und eine größere Wertschätzung für sich selbst zu entwickeln.

Vermeiden Sie es, Urteile über sich selbst zu fällen

Wenn Sie sich mit negativen Gedanken über sich selbst auseinandersetzen, passiert es sehr häufig, dass Sie pauschale Urteile und Annahmen über Ihren Charakter treffen. Beispielsweise könnten Sie davon überzeugt sein, dass Sie ein Versager, ein schlechter Mensch oder der Liebe unwürdig sind. Dabei werten Sie sich nur selbst ab und beschränken Ihre Möglichkeiten in Bezug auf das, was Sie in Zukunft tun können. Dies ist eine falsche Denkweise und kann Sie erheblich daran hindern, Fortschritte im Leben zu erzielen. Aus diesem Grund ist es wichtig, sich nicht zu hart für Ihre Handlungen und insbesondere für die Fehler in Ihrer Vergangenheit zu verurteilen. Auf diese Weise können Sie Ihre Handlungen anerkennen und sich einem Zustand der Selbstakzeptanz nähern.

Seien Sie achtsam

Das Üben von Achtsamkeit ist sehr nützlich, wenn es um den Aspekt des Mitgefühls sich selbst gegenüber geht. Achtsamkeit ermöglicht es Ihnen, im gegenwärtigen Moment zu leben und sich Ihrer Gedanken und Gefühle bewusst zu werden. Indem Sie Ihre Gefühle und Gedanken in den Vordergrund Ihrer bewussten Aufmerksamkeit rücken, können Sie lernen, sie zu schätzen und eine Akzeptanz für sich selbst zu entwickeln.

Probieren Sie etwas Neues im Leben aus

Wenn Sie wie die allermeisten Menschen sind, haben Sie wahrscheinlich eine Reihe von Routinen, die Sie täglich ausführen. Routinen sind sehr wichtig, weil sie unserem Leben ein Gefühl von Stabilität und Komfort geben. Wenn Sie jedoch in Routinen stecken bleiben, kann das Leben glanzlos und vorhersehbar oder sogar langweilig werden. Es ist daher wichtig, von Zeit zu Zeit aus Ihren Routinen auszusteigen und Ihre Komfortzone zu verlassen. Versuchen Sie, andere Dinge zu erforschen, die Sie herausfordern und erweitern Sie den Horizont Ihrer Persönlichkeit. Dies kann Ihnen helfen, einige Talente zu entdecken, von denen Sie nicht wussten, dass Sie sie haben.

Schuld hinter sich lassen

Manchmal sind Schuldgefühle nützlich, da sie uns mit unserem Bewusstsein verbinden und uns auffordern, unsere Fehler zu bewerten. Dann können wir die richtigen Schritte einleiten, um Schäden zu beheben, die wir uns selbst oder anderen zugefügt haben. Zu viel Schuld kann jedoch kontraproduktiv für unseren Fortschritt sein und sogar unsere persönliche Entwicklung beeinträchtigen. Schuld kann uns in Mustern des negativen Denkens und Nachdenkens in Bezug auf die Vergangenheit festhalten. Schuld kann uns daran hindern, die Gegenwart zu schätzen oder auf die Zukunft zu hoffen. Wenn dieses Problem nicht gelöst ist, kann dies zu negativen Emotionen, wie Depressionen und Angstzuständen, führen.

Wenn Sie sich mit Schuldgefühlen und Scham in Bezug auf vergangene Fehler auseinandersetzen, müssen Sie diese loslassen, um sich selbst mehr zu akzeptieren. Nachfolgend werden Ihnen einige der Schritte erläutert, die Sie zu diesem Zweck vornehmen können.

Korrigieren Sie Fehler, die Sie möglicherweise gemacht haben

Wie wir bereits erwähnt haben, sind Schuldgefühle nicht immer eine negative Emotion. Es ist notwendig, die Konsequenzen unseres Handelns zu akzeptieren, wenn diese andere Menschen erheblich verletzt haben. Schuldgefühle können Sie dazu anspornen, Fehler wieder gut zu machen, die Sie möglicherweise in der Vergangenheit begangen haben. Wenn Sie sich wegen eines von Ihnen begangenen Fehlers schuldig fühlen, können Sie die Initiative ergreifen, um Abhilfe zu schaffen. Zugegeben, es könnte sich unangenehm anfühlen, Menschen zu kontaktieren, die Sie verletzt haben. So können Sie jedoch negative Gedanken minimieren, die Sie möglicherweise in Bezug auf das, was passiert ist, hegen. Manchmal kann eine ehrliche Entschuldigung ausreichen, um das Problem zu beseitigen. Es hängt davon ab, weswegen Sie sich schuldig fühlen! Wenn Sie nicht dazu in der Lage sind, die Situation in Ordnung zu bringen, sollten Sie darüber nachdenken, einen Teil Ihrer Zeit für eine Organisation zu spenden, die anderen hilft. Vollbringen Sie gute Taten.

Überprüfen Sie Ihre verzerrte Sicht auf vermeintliche Fehler in der Vergangenheit

Manchmal neigen wir dazu, zu stark über unsere Fehler in der Vergangenheit nachzudenken, weil wir ihnen rückblickend zu viel Bedeutung beimessen. Es ist einfach, auf Ihre Fehler in der Vergangenheit zurückzublicken und sich auszumalen, wie Sie mit der Situation besser hätten umgehen können. Die Wahrheit ist jedoch, dass es nicht immer möglich ist, das Ergebnis einer Situation vorherzusagen, wenn Entscheidungen in der Gegenwart getroffen werden müssen. Selbst gut gemeinte Absichten können zu unerwünschten Ergebnissen führen. Deshalb ist es bei der Ermittlung Ihrer Schuld wichtig, Ihre Sicht auf zurückliegende Fehler zu überprüfen und Situationen anzuerkennen, in denen Sie mit gutem Gewissen gehandelt haben, auch wenn das Ergebnis nicht das war, was Sie sich erhofft hatten.

Überprüfen Sie sich in Bezug auf ein überhöhtes Verantwortungsgefühl

Es gibt Zeiten, in denen wir aufgrund eines überhöhten Verantwortungsbewusstseins mit Schuldgefühlen zu kämpfen haben. Wir nehmen fälschlicherweise an, dass wir für Dinge verantwortlich sind, auch wenn diese absolut nichts mit uns zu tun haben. Wenn Sie dazu neigen, sich für Dinge verantwortlich zu fühlen, für die Sie jedoch nicht die Verantwortung tragen, bereiten Sie sich selbst Stress und Kummer. Es ist daher wichtig zu wissen, dass einige Dinge nicht unter Ihrer Kontrolle stehen und Sie sich nicht dafür zur Rechenschaft ziehen sollten. Dies wird Ihnen dabei helfen, zu vermeiden, Schuldgefühle in sich selbst auszulösen. Zudem wird es Ihnen dazu verhelfen, Ihren beschränkten Möglichkeiten besser gerecht zu werden.

Lernen Sie, sich selbst zu vergeben

Die Fähigkeit zu vergeben wird allgemein als eine der besten Tugenden angesehen, die ein Mensch haben kann. Dies liegt daran, dass Ihnen diese Fähigkeit erlaubt, Gefühle der Wut oder des Grolles loszulassen, die Sie für jemanden hegen, der Ihnen Unrecht getan hat. Einigen Menschen fällt es leichter zu vergeben als anderen. Während es vielen Menschen möglich ist, anderen Personen zu vergeben, so kann die Selbstvergebung schwieriger sein.

Jeder macht irgendwann einmal Fehler, da niemand perfekt ist. Daher ist es wichtig, sich selbst zu vergeben und die Fehler hinter sich zu lassen, die Sie im Laufe Ihres Lebens gemacht haben. Wenn

Sie lernen, wie Sie Ihre vergangenen Fehler loslassen, können Sie Ihr geistiges Wohlbefinden schützen und die Selbstakzeptanz fördern.

Wenn Sie mit Schuld- und Reuegefühlen zu kämpfen haben, finden Sie nachfolgend einige nützliche Tipps, die Ihnen helfen können, sich selbst mehr zu vergeben.

Erkennen Sie die Fehler an, die Sie gemacht haben

Einer der Gründe, warum wir in Mustern des Bedauerns und der Schuld stecken bleiben, ist der, dass wir die Fehler, die passiert sind, und die Rolle, die wir dabei gespielt haben, nicht anerkennen. Diese Unfähigkeit, unsere vergangenen Fehler zu erkennen und anzuerkennen, kann unsere Fähigkeit beeinträchtigen, aus diesen Fehlern zu lernen und sie hinter uns zu lassen. Um sich selbst zu vergeben und mit der Genesung zu beginnen, müssen Sie sich Ihre Fehler ehrlich eingestehen und anerkennen, dass sie jemanden oder sich selbst verletzt haben. Auf diese Weise können Sie Verantwortung für Ihre Handlungen übernehmen und die Schuldgefühle, die Sie plagen, minimieren.

Versuchen Sie, Ihre Motivation herauszufinden

Um sich selbst Fehler zu verzeihen, die Sie in der Vergangenheit begangen haben, ist es unbedingt erforderlich, dass Sie verstehen, warum Sie sich so verhalten haben, wie Sie es getan haben. Dann können Sie überlegen, warum Sie sich schuldig fühlen. Sie haben z. B. möglicherweise etwas getan, das Ihren moralischen Überzeugungen widerspricht. Wenn Sie herausfinden, warum Sie so gehandelt haben, wie Sie es getan haben, können Sie sich Ihren Fehler leichter verzeihen. Dies liegt daran, dass Sie durch das Verstehen der Motivation, die zu dem Fehler geführt hat, vermeiden können, diesen in Zukunft zu wiederholen.

Lernen Sie, zwischen Schuld und Scham zu unterscheiden

Sich schuldig zu fühlen, wenn Sie einen Fehler machen, der andere Menschen verletzt, ist völlig normal und kann Sie dazu anspornen, notwendige Änderungen in Ihrem Leben vorzunehmen. Scham unterscheidet sich jedoch von Schuld. Sich schuldig zu fühlen ist die Anerkennung, dass Sie etwas falsch gemacht haben, während Scham ein Selbstvorwurf darüber ist, was passiert ist. Sie können sich für Ihre Handlungen schämen oder aber, weil Ihnen etwas passiert ist. Beide Situationen sind unterschiedlich und unterscheiden sich zudem von Schuld.

Niemand ist perfekt und jeder macht Fehler, einschließlich der angesehensten Menschen in der Gesellschaft. Scham und Reue sind natürliche Emotionen, die es Ihnen ermöglichen, Verantwortung für Ihre Schuld zu übernehmen und Sie zu einem besseren Verhalten zu veranlassen.

Sich zu schämen oder sich für etwas zu schämen, das Ihnen passiert ist, ist anders. Sie können sich schämen, weil das, was passiert ist, Ihnen oder anderen moralisch zuwider ist. Sie fühlen sich vielleicht schlecht, weil Sie das Gefühl haben, zu dem Vorfall beigetragen zu haben, der passiert ist. Möglicherweise schämen Sie sich, dass Sie nicht in der Lage sind, Maßnahmen zu ergreifen, um das Geschehene hinter sich zu lassen. Sie sind nicht alleine. Sprechen Sie mit jemandem, dem Sie vertrauen und haben Sie keine Angst davor, sich professionelle Hilfe zu suchen.

Scham ist keine sehr hilfreiche Emotion, da sie nur dazu dient, Ihr Selbstwertgefühl zu schwächen. Vermeiden Sie es, in Schamgefühlen und Selbstbeschuldigungen zu versinken, da Sie dadurch nur in Fehlern und Reuegefühlen der Vergangenheit gefangen bleiben. Dies erschwert die ganze Sache nur noch und macht es Ihnen nicht einfacher, sich selbst zu akzeptieren und zu vergeben.

Bemühen Sie sich, einfühlsamer gegenüber Menschen zu sein, die Sie möglicherweise verletzt haben

Eine der größten Hürden der Selbstvergebung besteht darin, dass Sie Empathie für diejenigen haben müssen, die Sie möglicherweise durch Ihre Fehler verletzt haben. Um sich wirklich selbst zu verzeihen, müssen Sie verstehen, wie sich die Person fühlt, die verletzt wurde. Dies kann tatsächlich unser Mitgefühl für andere Menschen verstärken. Wenn wir uns jedoch darauf konzentrieren, uns selbst zu vergeben, kann es schwierig sein, mit anderen Menschen in Kontakt zu treten, da wir uns auf uns selbst fokussieren. Um diese Gefahr zu vermeiden, müssen Sie sich bewusst darum bemühen, sich in die Menschen hineinzuversetzen, die von Ihren Handlungen negativ betroffen sind. Auf diese Weise verzeihen Sie sich selbst dafür, wie stark Sie diese Menschen tatsächlich verletzt haben.

Treffen Sie eine bewusste Entscheidung, aus dieser Erfahrung zu lernen

Jeder Mensch hat in seiner Vergangenheit etwas getan oder gesagt, mit dem er nicht zufrieden war oder worauf er nicht stolz ist. Es ist normal, sich schuldig zu fühlen, wenn wir eine Grenzüberschreitung anderen Menschen gegenüber vornehmen. Wenn Sie jedoch in einem Kreislauf aus Selbstbeschuldigung und Selbsthass gefangen sind, kann sich dies negativ auf Ihr Selbstwertgefühl auswirken. Dadurch schaffen Sie es nicht, sich selbst zu vergeben und voranzukommen. Konzentrieren Sie sich daher beim Umgang mit Schuldgefühlen, die auf einen Fehler in der Vergangenheit beruhen, auf die Lehren, die Sie aus der Situation ziehen können. Was würden Sie beim nächsten Mal anders machen? Egal wie schlimm Sie es auch vermasselt haben, Sie müssen sich deswegen nicht für alle Zeiten abwerten. Erkennen Sie Ihren Fehler an und betrachten Sie ihn als Lernerfahrung, die Ihnen dabei hilft, in Zukunft bessere Entscheidungen zu treffen.

Zusammenfassung

Im Laufe dieses Kapitels haben Sie zweifellos viele sehr nützliche Strategien zur Förderung der Selbstakzeptanz gelernt. Dies ist sehr wichtig, da wir durch Selbstakzeptanz negative Gedanken ablegen können, die sich auf unser Selbstwertgefühl auswirken. Indem wir lernen, wie man Selbstakzeptanz praktiziert, können wir negatives Denken vermeiden und letztlich positivere Personen werden.

Um die wichtigsten Aspekte dieses sehr lehrreichen Kapitels zusammenzufassen, sind hier einige Punkte aufgeführt, die Sie bedenken sollten, wenn Sie lernen wollen, wie Sie Ihre Selbstakzeptanz fördern:

- Üben Sie Achtsamkeit und eine entspannte Wahrnehmung, um Ihre Gefühle und Gedanken in Ihr Bewusstsein zu bringen. Dies wird Ihnen dabei helfen, ein tieferes Bewusstsein für sich selbst zu fördern und Sie der Selbstakzeptanz näher bringen.
- Pflegen Sie Dankbarkeit in Ihrem Leben, indem Sie die Gaben und Talente wertschätzen, über die Sie verfügen. Auf diese Weise können Sie Ihren eigenen Wert erkennen und die Tendenz beseitigen, auf sich selbst und die Situationen, in denen Sie sich befinden, herabzuschauen. Dankbarkeit zu üben hilft Ihnen außerdem dabei, sich auf die positiven Aspekte Ihres Lebens zu konzentrieren und Ihr Selbstvertrauen und Ihr Selbstwertgefühl zu verbessern.
- Lernen Sie, sich selbst gegenüber mitfühlender zu sein und vermeiden Sie, dazu zu tendieren, sich für Dinge verantwortlich zu machen, über die Sie keine Kontrolle haben. Das Üben von Mitgefühl gegenüber sich selbst bringt Sie in Kontakt mit Ihrem inneren Selbst und hilft Ihnen dabei, die Komplexität des Lebens in positiver Weise anzunehmen.
- Lernen Sie, sich selbst zu vergeben und die Fehler Ihrer Vergangenheit zu überwinden. Schieben Sie Gefühle weg, die große Hürden auf Ihrem Weg zur Selbstakzeptanz sein können, wie z. B. Schuld und Selbstbeschuldigung.

Die Entwicklung der Selbstakzeptanz liegt in Ihrer Macht. Bemühen Sie sich bewusst, die Schuldgefühle loszulassen und sich selbst und anderen gegenüber Mitgefühl zu zeigen.

Im abschließenden Kapitel dieses Buches werden wir das Konzept der radikalen Selbstliebe diskutieren und wie Sie es einsetzen können, um sich gegen die Probleme des negativen Denkens, des übermäßigen Nachdenkens und chronischer Sorgen zu stärken.

KAPITEL 10:

Radikale Selbstliebe üben

Die Kunst der Selbstliebe kann für Menschen eine große Herausforderung sein, insbesondere wenn sie mit den Problemen des Alltags zu kämpfen haben. Es kann leicht passieren, unser eigenes Wohlbefinden zu vergessen, wenn wir damit beschäftigt sind, unsere Karriere zu verfolgen und unsere Familien zu unterstützen. Selbstliebe ist jedoch ein sehr wichtiges Element des persönlichen Wachstums und der Selbstakzeptanz. Deshalb ist es wichtig, die Kunst zu üben, sich selbst zu lieben. Selbstliebe wird oft von Menschen missverstanden, die fälschlicherweise annehmen, dass Selbstliebe bedeutet, sich nur auf sich selbst zu konzentrieren oder narzisstisch zu sein. Im Gegenteil, Selbstliebe zielt darauf ab, mit uns selbst, unserem Wohlbefinden und unserem Glück in Kontakt zu treten, um mit anderen Menschen tiefe Verbindungen aufzubauen. Das Üben von Selbstliebe kann für uns selbst und die Menschen, mit denen wir interagieren, sehr nützlich sein (Stenvinkel, 2018).

Indem Sie Selbstliebe praktizieren, können Sie die einschränkenden Überzeugungen, die Sie möglicherweise über sich selbst haben, infrage stellen und sich motivieren, auf die Ziele Ihres Lebens hinzuarbeiten. Die Kunst der Selbstliebe ermöglicht es Ihnen auch, ein besseres Verständnis Ihrer Stärken und Schwächen zu entwickeln. Wenn Sie eine tiefe Liebe zu sich selbst pflegen, werden Sie weniger dazu neigen, Ihre Fehler zu übersehen oder zu beschönigen. Stattdessen werden Sie erkennen, dass Sie Fehler haben, genauso wie alle anderen Menschen auch. Verwenden Sie dieses Wissen, um zu einem besseren Menschen zu werden.

Sie sollten bedenken, dass Selbstliebe kein statischer Zustand ist, den man erreichen kann. Vielmehr ist Selbstliebe ein Prozess, der

Fleiß und ständige Übung erfordert. Unsere Selbstliebe wächst nach und nach - je mehr wir weiterhin freundliche, wertschätzende und mitfühlende Handlungen gegenüber uns selbst und anderen ausführen.

Nachfolgend werden Ihnen einige hervorragende Möglichkeiten vorgestellt, wie Sie tiefe Selbstliebe fördern können.

Seien Sie jemand, der liebt

Es kann sehr schwierig sein, Selbstliebe zu entwickeln, wenn Sie mit Gedanken und Emotionen zu tun haben, die auf Selbstkritik und Selbstbeschuldigung ausgerichtet sind. Wenn Ihr Selbstwertgefühl aufgrund all der Herausforderungen, denen Sie im Leben begegnen, sinkt, fragen Sie sich vielleicht sogar: „Was gibt es an mir zu lieben?" Die Wahrheit ist jedoch, dass jeder, auch Sie, einige positive Eigenschaften hat, die andere Menschen bewundern.

Anstatt zu versuchen, sich selbst ohne Überzeugung zu lieben, müssen Sie zuerst lernen, ein Mensch zu sein, der liebt. Versuchen Sie, sich auf das zu konzentrieren, was Sie an den Menschen lieben, die Sie kennenlernen und achten Sie vor allem auf die Dinge, die Sie an den gewöhnlichen Lebenserfahrungen lieben. Solche Dinge können sein, dass Sie an einem schönen Tag zu Fuß in Ihr Büro gehen oder sich mit einer fremden Person unterhalten. Tätigen Sie liebevolle Aussagen den Menschen gegenüber, die Ihnen nahestehen. Indem Sie Ihren Körper und Ihren Geist auf positive Emotionen einstellen, werden Sie viele Dinge finden, die Sie in Ihrem Leben lieben können. Dies wird es Ihnen ermöglichen, offener für die Liebe zu sein. Zudem stehen nun Ihre Chancen besser, Liebe zu erhalten.

Erkunden Sie, wie es sich anfühlt und wie es aussieht, geliebt zu werden

Liebevoll gegenüber sich selbst zu sein ist einfacher, wenn die Dinge im Leben gut laufen. Wenn die Dinge jedoch nicht wie erwartet funktionieren, passiert es oft, dass man selbstkritisch ist. Sie könnten so sehr in Ihr negatives Denken verwickelt sein, dass Sie vergessen, sich selbst gegenüber mitfühlend zu sein.

Die Wahrheit ist jedoch, dass Sie sich in solchen Zeiten am meisten lieben müssen. Wenn Sie in Probleme verwickelt sind, müssen Sie darüber nachdenken, was eine Person, die Sie sehr liebt, tun oder sagen würde. Die Chancen stehen gut, dass eine solche Person Sie nicht streng verurteilen oder auf Sie herabblicken würde. Stattdessen würde diese Person Sie mit Liebe, Verständnis und Mitgefühl überschütten. Auf diese Weise können Sie Ihre Tendenz zur Selbstbeschuldigung und Selbstbeschimpfung ablegen, wenn Sie einer herausfordernden Situation gegenüberstehen. Infolgedessen können Sie sich selbst gegenüber mehr Freundlichkeit und Liebe zeigen.

Vergleichen Sie sich nicht

Wir neigen dazu, uns mit den Menschen in unserem Umfeld zu vergleichen, um zu beurteilen, wie gut oder schlecht wir uns verhalten oder wie gut oder schlecht wir sind. Trotz der Tatsache, dass diese Tendenz, uns mit anderen zu vergleichen, ganz natürlich ist, so kann diese Verhaltensweise dennoch in vielerlei Hinsicht negativ sein. Nachfolgend sind einige Möglichkeiten aufgeführt, wie sich der Vergleich mit anderen negativ auf Ihr Leben auswirken kann.

- Es führt dazu, dass Sie die schlimmsten Dinge über sich selbst vermuten.
- Es raubt Ihnen wertvolle Zeit, die Sie sonst für produktive Dinge verwenden würden.

- Es hindert Sie daran, Ihre eigenen einzigartigen Talente und Gaben zu schätzen.
- Es raubt Ihnen Ihre Leidenschaft und den Drang, Ihre Interessen und Ziele zu verfolgen.
- Es führt dazu, dass Sie sich über andere ärgern.
- Es raubt Ihnen die Freude und macht es schwierig, Erfüllung im Leben zu finden.

Wie Sie sehen, haben Sie viel zu verlieren, wenn Sie sich ständig mit anderen vergleichen. Deshalb sollten Sie sich bemühen, diese Angewohnheit aufzugeben und die wunderbaren Dinge, die Sie im Leben haben, schätzen zu lernen. Die folgenden Tipps können Ihnen dabei helfen, nicht dahin zu tendieren, sich mit anderen zu vergleichen.

- Machen Sie sich der nachteiligen Auswirkungen dieser Vergleiche auf Ihr Selbstwertgefühl bewusst.
- Beginnen Sie, Ihre persönlichen Erfolge anzuerkennen.
- Lernen Sie, die Beiträge und Erfolge anderer Menschen zu schätzen, anstatt neidisch auf sie zu sein.
- Lernen Sie, dankbar zu sein für Ihre Einzigartigkeit sowie für die angeborenen Talente und Gaben, die Sie besitzen.
- Denken Sie immer daran, dass niemand perfekt ist und dass jeder seine eigenen Fehler und Defizite hat.

Bitten Sie Ihr Unterstützungssystem um Hilfe

Wenn wir mit schwierigen Gedanken und Gefühlen zu tun haben, isolieren wir uns oft von den Menschen, die uns nahestehen. Wir haben vielleicht das Gefühl, dass wir sie mit unseren Problemen belasten, da sie bereits ihre eigenen Probleme haben. Dies führt jedoch nur dazu, uns von den Menschen zu entfremden, die sich um uns kümmern. Die Pflege eines starken Unterstützungssystemes kann uns andererseits dabei helfen, unsere Ziele zu erreichen und Stresssituationen besser zu meistern. Menschen mit starken Unterstützungssystemen fühlen sich im Allgemeinen wohler als Menschen, denen diese Ressource fehlt. Darüber hinaus sind sie besser dazu in der Lage, mit Krisensituationen in ihrem Leben umzugehen.

Ein gesundes Unterstützungssystem kann von engen Familienmitgliedern, Freunden, guten Nachbarn und sogar von Haustieren kommen. Jedoch kann ein gesundes Unterstützungssystem auch von Selbsthilfegruppen und Fachleuten für psychische Gesundheit kommen. Zu den Möglichkeiten, wie Unterstützung geleistet werden kann, gehören mentale, emotionale und finanzielle Unterstützung.

Hier sind einige Dinge, die Sie in Bezug auf Ihr Unterstützungssystem in Ihrem Leben berücksichtigen sollten:

- Wie fühlen Sie sich, wenn Sie mit Menschen sprechen, die zu Ihrem Unterstützungssystem gehören?
- Schätzen diese Menschen Ihre Gefühle und Emotionen?
- Geben sie Ihnen Ratschläge, die Ihr Wohlbefinden unterstützen?
- Sagen sie Ihnen die Wahrheit, auch wenn diese schwer zu akzeptieren ist?
- Freuen sie sich für Sie, wenn Sie erfolgreich sind?
- Motivieren sie Sie dazu, ein besserer Mensch zu sein?

Wenn Sie sich diese Fragen über die Menschen in Ihrem Leben stellen, können Sie jene Personen identifizieren, die Sie unterstützen. Dies bedeutet jedoch nicht, dass Sie sich von denjenigen Menschen trennen sollten, die scheinbar weniger unterstützend sind. Es bedeutet nur, dass Sie mit größerer Wahrscheinlichkeit positive Ergebnisse erzielen, wenn Sie Zeit mit unterstützenden Menschen verbringen, wenn Sie in Not sind. Es ist gut zu wissen, wer diese Menschen sind.

Unternehmen Sie konkrete Schritte, um Ihr gewünschtes Leben zu erreichen

Es gibt Zeiten im Leben, in denen Sie zu der Erkenntnis kommen, dass das Leben, das Sie leben, nicht genau das ist, das Sie wollen. Die Notwendigkeit, Ihr Leben zu verändern, ergibt sich aus dem Wunsch, Ihr Leben an Ihren persönlichen Zielen und Bestrebungen auszurichten. Es ist wichtig zu wissen, dass Sie voll und ganz für die Gestaltung Ihres gewünschten Lebens verantwortlich sind und Ihnen niemand anderes in dieser Hinsicht helfen kann. Wenn Sie also festgestellt haben, dass das Leben, das Sie jetzt leben, Ihre Wünsche nicht erfüllt, müssen Sie konkrete Schritte vornehmen, um das Leben zu erschaffen, das Sie sich wünschen. Nachfolgend sind einige der wichtigsten Techniken aufgeführt, die Ihnen dabei helfen, das positive und erfüllende Leben herbeizuführen, von dem Sie träumen.

Entscheiden Sie sich für die Art von Leben, das Sie wollen

Der erste Schritt besteht darin, herauszufinden, was Sie in Ihrem Leben ändern müssen. Dies bedeutet jedoch nicht, dass Sie alles auf den Kopf stellen sollten. Unabhängig davon, wie Sie sich in Ihrem aktuellen Leben fühlen, gibt es bestimmte Aspekte, die tatsächlich gut sind und die nicht geändert werden müssen. Es kann z. B. sein, dass Sie mit den Beziehungen und Freundschaften, die Sie haben, zufrieden sind. Deswegen besteht kein Grund, sie zu ändern - es sei denn, Sie möchten „ein neues Kapitel in Ihrem Leben beginnen". Stattdessen müssen Sie sich auf die Dinge konzentrieren, die Sie weniger gut finden. Wenn Sie beispielsweise mit Ihrem aktuellen Job nicht zufrieden sind, prüfen Sie, ob Sie einen neuen Job annehmen können, der Ihren Zielen und Wünschen besser entspricht.

Stellen Sie sich Ihr gewünschtes Leben so vor, wie es Sie es haben wollen

Wenn Sie sich Ihr Leben so vorstellen, wie es sein sollte, dann werden Sie feststellen, dass die Dinge langsam Gestalt annehmen. Diese Denkweise motiviert Sie dazu, Entscheidungen zu treffen, die Ihrem gewünschten Leben entsprechen. Sie müssen wissen, wonach Sie streben, um bewusst darauf hinzuarbeiten.

Machen Sie die Dinge im Leben, die Sie glücklich machen

Wenn Sie versuchen, Ihr gewünschtes Leben zu gestalten, sollten Sie über die Dinge nachdenken, die Sie glücklich machen. Dazu gehören Ihre Arbeit, Hobbys, Interessen und Beziehungen. Wenn Sie die Dinge herausgefunden haben, die Sie glücklich machen, passen Sie Ihr Verhalten so an, dass Sie diese Dinge häufiger erleben. Auf diese Weise können Sie positive Gewohnheiten entwickeln und Ihre negativen Gedanken kontrollieren.

Formulieren Sie Ihre Ziele und konzentrieren Sie sich darauf

Um das Leben zu erschaffen, von dem Sie träumen, müssen Sie sehr zielorientiert sein. Es ist nun an der Zeit, Ihre Ziele festzulegen und die erforderliche Arbeit zu investieren, um diese Ziele zu erreichen. Wenn Sie beispielsweise eine bestimmte Karriere verfolgen wollen, dann arbeiten Sie hart daran, um die erforderlichen Fähigkeiten und akademischen Qualifikationen zu erhalten, die Sie dazu benötigen.

Machen Sie sich keine Sorgen darüber, was andere Leute denken

Obwohl es egoistisch klingen mag, so müssen Sie sich dennoch auf sich selbst konzentrieren und ignorieren, was andere Menschen über Sie denken, um das Leben zu erschaffen, das Sie sich wünschen. Wenn Sie Ihre Entscheidungen auf der Grundlage der Meinungen anderer Menschen treffen, wird Sie dies nie zu einem zufriedenen Leben führen. Solange Sie andere Menschen nicht verletzen, sollten Sie sich keine Sorgen machen, ob diese Ihre Schritte gutheißen, die Sie zur Verbesserung Ihres Lebens unternehmen.

Lassen Sie Ihre Angst hinter sich

Die meisten Menschen vernachlässigen es - aus Angst vor dem Unbekannten oder aus Angst vor dem Scheitern - ihre Ziele zu verfolgen und das Leben zu erschaffen, das sie wollen. Jeder Mensch hat die Angst, Fehler zu machen und zu scheitern, schon einmal erlebt. Die Angst vor dem Scheitern ist eine natürliche Emotion. Sie müssen diese Angst jedoch überwinden, wenn Sie Entscheidungen treffen möchten, die Sie zu Ihren Zielen und zu dem Leben führen, das Sie für sich selbst erschaffen möchten. Machen Sie sich keine Sorgen um Ihren Misserfolg. Versuchen Sie einfach, Ihr Ziel zu erreichen. Wenn Sie versagen, können Sie es jederzeit erneut versuchen. Solange Ihr Herz am richtigen Ort ist, sollte Sie nichts davon abhalten, Ihre Träume zu verfolgen.

Umgeben Sie sich mit Menschen, bei denen Sie sich wohlfühlen

Um Selbstliebe zu pflegen, ist es sehr wichtig, Zeit mit Menschen zu verbringen, in deren Nähe man sich gut fühlt. Dies liegt daran, dass Ihre Interaktionen mit Menschen Ihr Selbstwertgefühl und Ihr Selbstvertrauen stark beeinflussen. Wenn Sie Zeit mit Menschen verbringen, die Sie motivieren und ermutigen, können Sie sich selbst mehr akzeptieren und sich selbst gleichzeitig herausfordern, ein besserer Mensch zu werden. Auf der anderen Seite wird die Interaktion mit negativen Menschen wahrscheinlich dazu führen, dass Sie pessimistischer und negativer gegenüber sich selbst sind. Daher sollten Sie sich bemühen, mehr Zeit mit positiven Menschen zu verbringen, die Ihnen helfen, sich als Individuum weiterzuentwickeln und zu lernen.

Pflegen Sie gesunde Gewohnheiten

Ein wesentlicher Teil der Selbstliebe besteht darin, sich um Ihr körperliches, geistiges und emotionales Wohlbefinden zu kümmern. Deswegen müssen Sie Gewohnheiten pflegen, die in allen Bereichen Ihres Lebens zu positiven Ergebnissen beitragen. Dazu gehören gesunde Ernährung und Bewegung, um Ihren Körper fit zu halten sowie das Kümmern um Ihr emotionales und geistiges Wohlbefinden. Hören Sie auf damit, dazu zu tendieren, Dinge einfach zu tun, weil Sie sie tun „müssen" oder „sollten". Tun Sie stattdessen nur Dinge, die Sie bestärken und die Ihnen ein gutes Gefühl für sich selbst verleihen.

Seien Sie in schlechten Zeiten mitfühlend mit sich selbst

Es fällt uns sehr leicht, uns mit negativen Gedanken selbst zu bestrafen, wenn unangenehme Dinge passieren oder wir Fehler machen. Wenn wir jedoch versagen oder enttäuscht werden, müssen wir diese Zeit nutzen, um uns mit Liebe zu überschütten. Anstatt sich selbst zu beschuldigen und zu kritisieren, wenn manche Dinge nicht klappen, sollten Sie sich darum bemühen, sich selbst gegenüber Freundlichkeit und Mitgefühl zu entwickeln. Lernen Sie, sich selbst zu vergeben, wenn Sie Fehler machen und schätzen Sie die positiven Dinge, die Sie erreicht haben. Dies wird Ihnen dabei helfen, Schuldgefühle zu überwinden.

Akzeptieren Sie, was Sie nicht lieben können

Zugegeben, es kann sehr schwierig sein, Dinge zu lieben, die Ihren persönlichen Werten und Überzeugungen zu widersprechen scheinen. Dies bedeutet jedoch nicht, dass Sie sie einfach ignorieren sollten. Im Gegenteil, Sie müssen sich darauf konzentrieren, solche Dinge zu schätzen, denn auf diese Weise können Sie Ihre eigene Einzigartigkeit als Mensch erkennen. Dies kann Ihnen ein besseres Verständnis in Bezug auf Ihre eigene Individualität verleihen und es Ihnen ermöglichen, sich selbst mehr zu akzeptieren und zu lieben.

Legen Sie einen „sorgenfreien" Monat ein

Eine hervorragende Strategie, die Ihnen dabei helfen kann, eine größere Selbstliebe zu entwickeln, besteht darin, Ihre Sorgen in Richtung Positivität zu verlagern. Erschaffen Sie einen „sorgenfreien" Monat, in dem Sie sich auf die guten Dinge in Ihrem Leben konzentrieren und nicht auf all die negativen, besorgniserregenden Gedanken, die keinen anderen Zweck erfüllen, als Ihre Energie zu verbrauchen. Indem Sie sich etwas Zeit nehmen, um Ihr Leben ohne Sorgen zu genießen, können Sie Ihre Energie steigern und die Klarheit Ihres Geistes fördern, was Ihnen dabei hilft, sich Ihren Sorgen zu stellen, wenn dies erforderlich ist.

Zusammenfassung

Dieses letzte Kapitel legte den Fokus darauf, Selbstliebe und Mitgefühl in Bezug auf uns selbst zu fördern. Sie werden zweifellos zustimmen, dass Selbstliebe sehr wünschenswert ist. Selbstliebe zu praktizieren kann erheblich dazu beitragen, die Tendenz zu verringern, über negative Gedanken nachzudenken, die Ihr persönliches Selbstwertgefühl schwächen. Indem Sie Selbstliebe pflegen, können Sie die Tendenz überwinden, sich Sorgen zu machen und zu viel nachzudenken (Stenvinkel, 2018). Nachfolgend sind die wichtigsten Punkte aufgeführt, die Sie bedenken müssen, wenn Sie versuchen, radikale Selbstliebe zu pflegen:

- Versuchen Sie, sich auf die Dinge zu konzentrieren, die Sie an Ihren Alltagserfahrungen lieben, egal wie trivial sie Ihnen auch erscheinen mögen.
- Hören Sie auf, sich mit anderen Menschen zu vergleichen und realisieren Sie, dass Sie selbst ein einzigartiges Individuum sind. Entwickeln Sie eine Wertschätzung für Ihre Talente, Fähigkeiten und Begabungen.
- Identifizieren Sie Ihr Unterstützungssystem und entwickeln Sie eine tiefere Verbindung dazu.
- Definieren Sie die Vision Ihres gewünschten Lebens und führen Sie die notwendigen Veränderungen durch, um Ihr

Leben auf eine Art und Weise zu führen, die besser auf Ihre Vision abgestimmt ist.
- Verbringen Sie mehr Zeit mit Menschen, die Sie motivieren und dazu herausfordern, die beste Version Ihrer selbst zu werden.
- Pflegen Sie gesunde Gewohnheiten, die Ihr körperliches, geistiges und emotionales Wohlbefinden fördern.
- Lernen Sie, sich selbst zu lieben, auch wenn die Dinge nicht nach Ihren Plänen und Wünschen verlaufen.
- Entwickeln Sie eine Wertschätzung für die Dinge, die Sie nicht lieben können und lernen Sie, diese Dinge zu akzeptieren, anstatt sie zu vermeiden.

Die Praxis der Selbstliebe verleiht Ihnen ein tieferes Verständnis und eine tiefere Wertschätzung Ihrer eigenen Individualität. Dies kann Sie dazu befähigen, Ihre Ziele zu verfolgen und das Leben zu erschaffen, das Sie sich wünschen.

ABSCHLIEẞENDE WORTE

Abschließend möchte ich meine Zuversicht äußern, dass das in diesem Buch enthaltene Wissen einen klaren Weg zur Beseitigung der negativen Denkweise darstellt. Dieses Problem ist, wie wir erfahren haben, ein natürliches Phänomen, das wir Menschen uns im Laufe unserer evolutionären Entwicklung angeeignet haben. Die negative Denkweise entstand aus unserem Überlebensbedürfnis heraus und gab uns die Möglichkeit, Faktoren zu identifizieren, die unser Überleben bedrohen, wodurch wir diese angehen können. Zwar ist eine negative Denkweise eine natürliche Gewohnheit, die uns dabei hilft, uns an unsere Umwelt anzupassen. Probleme entstehen allerdings dann, wenn wir uns zu sehr mit unseren negativen Gedanken beschäftigen. Dies beeinträchtigt häufig unseren Alltag und beeinflusst unseren mentalen und emotionalen Zustand.

In diesem Buch haben Sie Techniken gelernt, mit denen Sie sich von einer negativen Denkweise befreien können. Sie haben gelernt, warum es wichtig ist, die Quelle Ihres negativen Denkens zu identifizieren. Indem Sie verschiedene kognitive Verzerrungen vor dem Hintergrund Ihrer negativen Gedanken analysieren, können Sie diese überwinden. Sie haben auch gelernt, wie effektiv es ist, die Dinge „beim Namen zu nennen" und wie Sie diese Strategie verwenden können, um sich von Ihren negativen Denkmustern zu befreien. Auf diese Weise können Sie diese aus einer objektiven Perspektive betrachten und deren negative Auswirkungen auf Ihre Befindlichkeit verringern.

Darüber hinaus haben wir das verbreitete Missverständnis des übermäßigen Nachdenkens - die Überzeugung, dass dies ein dauerhaftes, nicht lösbares Problem sei - widerlegt. Bei unserer Untersuchung dieses Themas haben Sie gesehen, wie das Problem des übermäßigen Nachdenkens entsteht und welche verschiedenen Strategien angewendet werden können, um es zu überwinden.

Diese Strategien umfassen die Wiederaufnahme der Kontakte mit Ihrem unmittelbaren Umfeld, das Ersetzen negativer Gedanken durch positive Gedanken sowie die Pflege einer psychologischen Distanz zwischen Ihnen und Ihren negativen Gedanken. All diese Strategien tragen dazu bei, Ihren Geist für mehr Positivität zu öffnen.

Schließlich haben Sie drei Hauptmethoden kennengelernt, mit denen Sie Ihre negativen Denkmuster für immer beseitigen können: Entwickeln Sie ein positives Denken, fördern Sie die Selbstakzeptanz und praktizieren Sie Selbstliebe. Sie erkennen jetzt, wie wichtig es ist, Schuldgefühle hinter sich zu lassen, sich selbst zu vergeben und wie diese Verhaltensweisen Ihnen dabei helfen können, sich selbst als eine einzigartige Person besser zu akzeptieren. Wir haben auch das Konzept der radikalen Selbstliebe besprochen und dargelegt, wie es Ihnen dabei helfen kann, ein tieferes Verständnis und eine tiefere Wertschätzung gegenüber sich selbst als Individuum zu fördern. Zu den Möglichkeiten, die Selbstliebe zu pflegen, gehört es, Vergleiche mit anderen Menschen zu beenden, zielorientierter zu werden, sich mit positiv gesinnten Menschen zu umgeben und gesunde Gewohnheiten zu praktizieren, um Ihren allgemeinen Gesundheitszustand und Ihr Wohlbefinden zu schützen. Indem Sie radikale Selbstliebe praktizieren, können Sie Ihre allgemeine Lebenseinstellung ändern und diese aus einer Perspektive des Optimismus und des Vertrauens betrachten. Selbstliebe ermöglicht es Ihnen zudem, Ihr Selbstwertgefühl zu stärken. Wenn Sie Ihre negative Denkweise eliminieren, können Sie die neue Positivität dazu nutzen, um jenes Leben zu erschaffen, von dem Sie träumen.

Ich möchte meine Überzeugung zum Ausdruck bringen, dass dieses Buch das Problem der negativen Denkweise detailliert darstellt und hervorragende, aber trotzdem einfache Möglichkeiten bietet, um negative Gedanken und Sorgen zu überwinden. Alle hier beschriebenen Strategien und Techniken haben sich als sehr effektiv erwiesen, wenn es darum geht, negatives Denken zu überwinden.

Die Einfachheit dieser Strategien ermöglicht es Ihnen, sie praktikabel in Ihrem eigenen Leben umsetzen zu können. Negative Gedanken haben alle Menschen, sie manifestieren sich jedoch bei jedem Individuum auf unterschiedliche Art und Weise, weil wir alle einzigartige Erfahrungen machen. Daher liegt es letztlich in Ihrer Verantwortung, zu bestimmen, wie die Techniken, die wir im Verlauf dieses Buches besprochen haben, am besten für Sie angewendet werden können. Wenn Sie das Gefühl haben, zusätzliche Hilfe oder Unterstützung zu benötigen, um mit Ihren negativen Gedanken umzugehen, zögern Sie nicht, sich an Fachleute zu wenden, die Sie dabei unterstützen können.

Im Verlauf dieses Buches habe ich mich bemüht, dieses Thema so umfassend wie möglich zu behandeln. Dies bedeutet jedoch nicht, dass dieses Werk ein abschließendes Handbuch zum Thema des negativen Denkens ist. Obwohl das in diesem Buch enthaltene Wissen sehr praktisch und im wirklichen Leben gut anwendbar ist, so gibt es dennoch viele andere Ressourcen, sowohl online als auch offline, die Ihnen dabei helfen können, mehr Wissen über diese Problematik zu erhalten. Ergreifen Sie die Initiative, um das Thema umfassend zu untersuchen, wenn Sie das, was Sie hier gelernt haben, weiterentwickeln möchten.

Abschließend möchte ich, dass Sie diesem Buch entnehmen konnten, dass eine negative Denkweise kein lebenslängliches Urteil ist. So schwierig es manchmal auch sein mag, mit Ihren negativen Gedanken umzugehen, so können Sie diese dennoch nutzen, um ein besseres Selbstverständnis zu entwickeln. Verlieren Sie also nicht die Hoffnung, wenn Sie diese unangenehmen negativen Gedanken erleben. Betrachten Sie sie stattdessen als eine zu bewältigende Herausforderung und als Sprungbrett für eine persönliche Weiterentwicklung. Mit dieser Haltung wird es Ihnen leichtfallen, negatives Denken zu beseitigen, die Kontrolle über Ihre Gedanken zu übernehmen und Ihren Fokus auf positives Denken, Selbstakzeptanz und radikale Selbstliebe zu verlagern.

VERWEISE

Bloom, S. (19. Juli 2015). 7 Ways to Clear Your Mind of Negative Thoughts. Abgerufen am 12. Februar 2020, von https://www.pickthebrain.com/blog/7-ways-clear-mind-negative-thoughts/

Elmer, J. (19. Juli 2019). 5 Ways to Stop Spiraling Negative Thoughts from Taking Control. Abgerufen am 11. Februar 2020, von https://www.healthline.com/health/mental-health/stop-automatic-negative-thoughts#5

F, L. (10. September 2008). The Path to Unconditional Self-Acceptance. Abgerufen am 11. Februar 2020, von https://www.psychologytoday.com/us/blog/evolution-the-self/200809/the-path-unconditional-self-acceptance

Grohol, J. P. M. (24. Juni 2019). 15 Common Cognitive Distortions. Abgerufen am 11. Februar 2020, von https://psychcentral.com/lib/15-common-cognitive-distortions/

Holland, K. (22. Januar 2019). Positive Self-Talk: How Talking to Yourself Is a Good Thing. Abgerufen am 11. Februar 2020, von https://www.healthline.com/health/positive-self-talk

Hurst, K. (3. Oktober 2014). 7 Steps To Cultivating A Positive Mindset. Abgerufen am 11. Februar 2020, von https://www.thelawofattraction.com/7-steps-to-cultivating-a-positive-mindset/

O'Brien, M. (20. Dezember 2019). The Four Keys to Overcoming Negative Thinking… for Good. Abgerufen am 11. Februar 2020, von https://mrsmindfulness.com/the-four-keys-to-overcoming-negative-thinkingfor-good/

Oppong, T. (3. Januar 2020). Psychologists Explain How To Stop Overthinking Everything. Abgerufen am 11. Februar 2020, von https://medium.com/kaizen-habits/psychologists-explain-how-to-stop-overthinking-everything-e527962a393

Positive thinking: Stop negative self-talk to reduce stress. (21. Januar 2020). Abgerufen am 11. Februar 2020, von https://www.mayoclinic.org/healthy-lifestyle/stress-management/in-depth/positive-thinking/art-20043950

Raftlova, B. (19. September 2019). 5 Reasons You Should Stop Comparing Yourself to Others. Abgerufen am 11. Februar 2020, von https://www.goalcast.com/2017/03/11/reasons-stop-comparing-yourself-others/

Robinson, L. (6. Februar 2020). How to Stop Worrying. Abgerufen am 11. Februar 2020, von https://www.helpguide.org/articles/anxiety/how-to-stop-worrying.htm

Soleil, V. (9. August 2019). 7 Key Benefits of Positive Thinking. Abgerufen am 11. Februar 2020, von https://www.learning-mind.com/7-key-benefits-of-positive-thinking/

Stenvinkel, M. (22. Februar 2018). Be Good to Yourself: 10 Powerful Ways to Practice Self-Love. Abgerufen am 11. Februar 2020, von https://tinybuddha.com/blog/be-good-to-yourself-10-powerful-ways-to-practice-self-love/

BONUSHEFT

Als Beilage zu diesem Buch erhalten Sie ein kostenloses E-Book zum Thema „14 Tage Achtsamkeit".

In diesem Bonusheft entdecken Sie bewährte Achtsamkeitstechniken, die Sie in Ihrem Alltag problemlos anwenden können, um mehr im gegenwärtigen Moment zu leben. Sie werden damit täglich mehr Ruhe und Frieden in Ihr Leben bringen.

Sie können das Bonusheft folgendermaßen erhalten:

Öffnen Sie ein Browserfenster auf Ihrem Computer oder Smartphone und geben Sie Folgendes ein:

de.derickhowell.com

Sie werden dann automatisch auf die Download-Seite geleitet.

Bitte beachten Sie, dass dieses Bonusheft nur für eine begrenzte Zeit zum Download verfügbar ist.

www.ingramcontent.com/pod-product-compliance
Lightning Source LLC
Chambersburg PA
CBHW071352080526
44587CB00017B/3070